吉林财经大学资助出版图书

王士香 著

中国物化型技术进步
与经济增长

EMBODIED TECHNOLOGICAL CHANGE
AND ECONOMIC GROWTH IN CHINA

社会科学文献出版社
SOCIAL SCIENCES ACADEMIC PRESS (CHINA)

摘　要

　　物化型技术进步（Embodied Technical Change，简称 ETC）通过提高资本质量和资本生产率方式，促进经济增长。自 20 世纪 80 年代以来，伴随设备投资的大规模增长，与设备投资相融合的物化型技术进步对经济增长的贡献逐渐凸显。但如何剥离蕴含在资本投资中的物化型技术进步在当前仍是前沿与难点，本书通过构建资本质量指数，将其值作为物化型技术进步值，测算1980 ~ 2016 年我国物化型技术进步对经济增长的贡献。

　　首先，通过建立区分建筑资本、设备资本的双层嵌套不变替代弹性（CES）生产函数，考察物化型技术进步与经济增长的关系。研究显示，我国物化型技术进步呈现三个阶段的增长特征，分别是 1980 ~ 1994 年的波动增长阶段，1994 ~ 2015 年的快速增长阶段以及 2015 年之后的平缓阶段。总体看，我国资本质量和物化型技术进步逐年提高，表明我国经济产出在数量增长的同时伴随着质量的提高。异质性行业物化型技术进步差异明显，农林牧渔业物化型技术进步相对较低，而金融业物化型技术进步相对较高。由于地区之间差异化的设备投资结构，各地区物化型技术进步差异明显，且差距呈现不断扩大趋势。设备资本投资占地区生产总值比重逐年上升的省份，物化型技术进步显著。

其次，设备资金投入、自主研发和国外技术溢出对物化型技术进步影响表现出显著差异，设备资金投入、自主研发能够显著促进物化型技术进步，而国外技术对物化型技术进步并未表现出正向溢出效应，反而显著抑制物化型技术进步。物化型技术进步越高的地区，外商直接投资对物化型技术进步的抑制作用越强。分地区结果显示，地区之间物化型技术进步影响因素差异显著，东部地区自主研发投入与物化型技术进步呈现显著的正向相关关系，物化型技术进步表现出显著的自主研发推动特征，而设备投资并未有效推动东部地区物化型技术进步。中西部地区则呈现出相反特性，表现出显著的设备投资驱动性，而自主研发投入的作用效应则并不显著。从时间趋势结果分析，2007～2016 年研发投入对物化型技术进步的弹性高于 1997～2006 年，但是提高不明显，说明这 20 年间中国自主研发对资本质量提高的作用微弱。

最后，研究发现经济增长与物化型技术进步存在协同发展的双区制动态变化特征，尽管在两个区制内都呈现正向相关关系，但低速增长区制内正相关关系强于高速增长区制。物化型技术进步对经济增长的影响具有单重门槛特征，当物化型技术进步超过阈值时，物化型技术进步对经济增长的正向影响会递增，即表现为梯度性。不同地区物化型技术进步对经济增长的敏感度差异化明显，呈现东部、中部、西部地区逐渐递增趋势。1980～2016 年我国每年物化型技术进步对经济增长的贡献为：1981～1990 年平均贡献率为 13%；1995～2016 年平均贡献率为 15%；物化型技术进步对经济增长的贡献呈现周期性，且波动性逐渐减弱。

目　录

第一章
绪　论

第一节　研究背景和意义

一　研究背景

经济稳定增长对任何一个国家和地区都至关重要。当前我国经济形势面临内忧外患，不容乐观。对于国内环境，中国经济面临诸多问题，经济增长下行压力增大、环境恶化、产业升级遇阻、资本产出率下降、人口红利消失、人力资本效率短期内无法有效提高、劳动力结构失调、劳动生产率提高不明显，与之相对应的是各种要素价格的提高，经济失速风险加剧。这些问题将导致经济增速下降，且如果经济增速继续下降可能会产生更加严重的问题，同样，经济增速下降也必然反作用于这些问题，迫使现有问题更加恶化。对于国外环境，从 1997 年亚洲金融危机开始，世界经历了三次金融危机，至今依然没有完全脱离金融危机的影响。金融危机的深化对实体经济影响颇深，应对危机期间所采取的非常规措施在当时取得了一定成效，但现在成为实体经济复苏与经济发展的沉重负担。例如，中国在应对金融危机的过程中，采用增发货币的货币政策，在当时提高了经济活力，有效缓解了经济危机引起的负面效应，但增发货币引起的金融扩张可能是当前经济增速下降的原因之一。因此，面对当前中国经济出现的问题，政府不能再通过金融扩张解决，若为了维持短期经济增速而再次实行金融扩张政策，无疑是饮鸩止渴，势必会造成金融风险的累积，增加经济的不稳定因素（李扬，2013），为我国实现经济平稳发展、推进城市化和工业化进程埋下隐患。

中国的经济增长模式在改革开放以后一直依赖投资和出口带动，随着主要发达国家陷入金融危机不能自拔，中国的出口受到严重影响，当前出口这一项已经不能起到经济增长动力作用。因此，投资作为一个可行的经济增长推动因素，在经济复苏和稳定发展中必将扮演更加重要的角色。然而，纵观世界各国在金融危机中的投资政策，并未取得显著效果。多数国家都在金融危机中加大了政府投资，试图扭转困难局面，但效果并不明显，中国亦是如此。究其主要原因，我国现有投资主要集中在房地产等领域，且政府投资也集中在基础设施建设上，在固定资产投资中投向真正的实体工业领域的部分相对较少，这一方面是企业追求利润最大化的必然表现；另一方面也说明真正体现我国经济实力的工业制造业领域并不景气，资本投入后回报率较低，在世界竞争中不具备比较优势。

资本产出效率下降是造成中国经济增速下降不可忽视的原因之一。中国经济增长在大规模的投资驱动下却面临投资边际收益逐渐减少的窘境，仅仅依靠要素投入已经无法维持高速的经济增长。对于经济增长其他来源来说，近年来中国全要素生产率持续下降，尽管经历了一系列改革，但全要素生产率中要素配置效率和非物化型技术进步对经济增长的推动作用仍无法得到本质提升。这也是造成这几年来我国经济增速回落，无法保持两位数增长的重要影响因素。

2018 年 7 月中共中央政治局会议确定"六个稳"的政策目标，"稳投资"政策为其中之一。稳投资，不仅指稳定投资量，更重要的是保证投资在供给侧与需求侧双侧发力，实现"稳增长"（杨博野，2018）。"稳投资"政策实施以来，全国固定资产投资累计增速实现连续多月止跌回升，政策措施效果不断凸显。国务院、财政部、国家发改委通过一系列措施抵补基础设施建设的短板，如重新启动现代化城市轨道交通审批项目等。在"稳投资"政策刺激下，2018 年全国固定资产投资比上年增长 5.9%。制造业投资同比增长 9.5%，高技术制造业、装备制造业投资与2017 年相比分别增长 16.1% 和 11.1%，民间投资市场准入开放取得明显成效，民间投资同比增长 8.7%。以设备投资为主要途径的物化型技术进步从 20 世纪 90 年代开始就成为推动经济增长的一个重要因素，对经济增长的贡献率显著高于其他来源（王玺、张勇，2010；孙克，2011；宋东林、王林辉、董直庆，2011）。物化型技术进步主要通过投资先进机器设备来获取，在中国经济发展模式以大规模投资为主要形式的前提下，投资先进机器设备以提高产出效率似乎与中国发展模式更加契合。单纯通过扩大规模报酬以及重复投资都无法为经济产出增长提供有效的支撑和保障。有效投资更注重质量和效率，而投资的质量和效率体现在资本的技术含量上，那么我国资本质量究竟如何，物化型技术进步对我国经济的影响如何，是本书将要研究的问题。

二　研究意义

物化型技术进步即资本体现式技术进步是一种重要的技术进步类型，物化型技术进步理论是技术进步研究领域中的一个重要分支，并且与资本质量、资本折旧存在密不可分的联系。研究物化型技术进步不仅能够准确估计一个国家的资本质量和效率资本存量，而且能够从技术进步角度解释在市场经济中产品价格及利润变动的原因，这是对产品价格和市场理论的一个重要补充。在折旧理论中，物化型技术进步也有重要的贡献，它更具体地诠释了无形资产折旧的原因与技术进步有关，为度量效率资本存量和资本质量奠定了理论基础。物化型技术进步产生于设备投资领域中，把资本品按效率差异明确区分为两类，在资本研究领域内开辟了一个新的研究视角，也为研究资本时区别不同性质提供了度量的依据。物化型技术进步与中性技术进步在现存的研究中都是分别考察其对经济增长的作用，割裂地研究这两种技术进步的作用往往致使对经济现象的解释出现悖论，结合二者的相对变动可以弥补对技术进步领域研究的不足，更加完整地考察物化型技术进步和中性技术进步相对运动对经济增长的效应，完善技术进步在经济运行及经济增长理论中的作用机理。

20 世纪 90 年代以后，无论是发达国家还是像中国这样的新兴经济体都出现了全要素生产率下降现象。但同时以信息产业等为代表的行业却掀起了一股对设备资本品投资的热潮，与此相关的物化型技术进步研究重新引起了学术界的重视。对物化型技术进步的研究可以更加准确地度量我国资本存量，明确我国资本积累过程中的资本质量变动，准确度量效率资本以及设备投资产生的物化型技术进步对经济增长的促进作用。对物化型技术进步特征的研究，有利于寻找提高我国资本报酬率的途径，对降低我国当前金融体系风险，提高投资效率都有启示作用。

与国外的统计框架相比，中国用以统计物化型技术进步的价格体系并没有建立，国内对于物化型技术进步的度量多采用替代变量，如黄先海、刘毅群（2008）采用发明专利申请计数度量物化型技术进步，还有些学者利用相关行业的价格指数近似替代。但事实上，物化型技术进步应该是资本链式积累迭代的过程，用生产函数直接估计物化型技术进步的值更接近其经济含义，也更能准确得出物化型技术进步对经济增长的贡献值。Boucekkine 等（2010）提出，美国生产率下降的一个原因是物化型技术进步和非物化型技术进步结构的变化，由此可以得到技术进步结构的变化将影响经济增长。研究中国物化型技术进步与中性技术进步的结构发展及变动特征，可以验证我国生产率增速下降是否与物化型技术进步与中性技术进步结构变动有关。

另外，研究物化型技术进步可以更加准确地估计我国设备投资和劳动投入的替代性，为制定合理的劳动力流动政策提供依据。设备投资必将导致劳动力的替代，但是在不同时期、不同地区和不同行业替代率差异是制定就业和劳动力转移政策的依据。合理引导就业方向，可以优化产业结构，并且使劳动力在各个产业、各地区间分配合理化。产业结构自动调整的过程可能是一个资源错配的过程，比如过度发展服务业使劳动生产率降低，降低资本质量影响经济总体的生产率，因此测算我国物化型技术进步，研究其影响因素及检验物化型技术进步对经济增长的影响可以有效指导产业布局，优化资源配置，最大限度地避免资源错配造成的经济增长动力损失。

第二节 研究方法及思路

本书以 Solow（1956）和 Swan（1956）的新古典增长模型为出发点，根据物化型技术进步定义构建区分设备资本和建筑资本的双层嵌套 CES 生产函数，对我国物化型技术进步展开理论分析和实证检验，多角度测算我国物化型技术进步即资本质量指数及其影响因素，并探讨物化型技术进步对我国经济增长的影响。

理论研究首先构建区分设备资本和建筑资本的两部门 CES 生产函数，建筑资本按照传统无质量改进形式积累，设备资本按照质量改进形式积累。计算设备资本存量时，使用资本质量指数调整资本质量，得到设备资本存量与高度迭代资本质量指数的对应函数。

其次，在选择生产函数时，考虑到物化型技术进步特点及我国当前经济基础和发展阶段，综合考虑选择 CES 生产函数。部分研究中将我国劳动力、设备资本和建筑资本在当前经济条件下的替代弹性假设为 1 较不合理，因此本书选择 CES 生产函数。在确定要素替代形式时，本书认为设备资本对劳动存在替代，更细分为设备资本对技能劳动产生替代，设备资本和技能劳动共同对非技能劳动产生替代，而建筑资本和设备资本、劳动投入替代性较低，因此最终生产函数形式采用结合柯布 – 道格拉斯（CD）生产函数形式的双层嵌套 CES 生产函数。

实证分析在测算我国物化型技术进步时，首先利用理论推导资本质量指数，假设建筑部门和设备部门相对技术参数 q 不随时间变化，使用非线性似不相关回归模型得出 q 值，并进一步计算出资本质量指数。实证中，本书测算我国总体的物化型技术进步值，并且进一步分行业进行测算，估计出我国农林牧渔业、建筑业、制造业和金融业物化型技术进步值。为考察区域差别，对我国各省份（除西藏外）的物化型技术进步进行测算，得到 30 个省份的物化型技术进步值。其次对我国物化型技术进步影响因素进行检验时，以省际面板数据为基础，利用固定效应模型、面板校正标准差模型和分位数回归模型检验设备资本投入、自主研发和国外技术溢出对我国物化型技术进步的影响。同时也考察市场化指数、专业技术人才和产业结构等非直接影响的控制变量对物化型技术进步的影响。为保证模型结果稳定和分析深入，使用面板数据对东中西部进行分地区研究，并以目标解释变量均值为界对不同时间、区间进行分组研究。最后研究物化型技术进步对经济增长的关联影响时，综合采用马尔科夫向量自回归模型（MS－VAR）和面板向量自回归模型（PVAR）及面板门限回归模型（PTR）等方法，分别基于全国时间序列数据、地区面板数据和行业数据进行分析，分空间与时间从不同侧面对我国物化型技术进步对经济增长的动态关联影响进行分析和估计。

第三节　创新之处

本书的创新之处主要总结为以下几点。

第一，在已有文献估计物化型技术进步采用价格比基础上，根据设备资本质量改进原始形式设置设备资本积累方程，在价格比的基础上加入设备部门和建筑部门相对技术参数构建资本质量指数，利用非线性似不相关回归模型估计出建筑部门和设备部门相对技术参数 q。资本质量指数的构建和估计更贴近物化型技术进步的定义，较单纯用价格比度量更能体现其含义。

第二，本书在新古典增长模型基础上按照资本内部生产率的不同将资本区分为设备资本和建筑资本，推导出经济增长率 g_t 均衡解。区别于传统经济增长模型，一国经济增长率取决于建筑资本部门的技术效率参数 $A_{s,t}$、设备资本部门资本质量指数与技术效率参数乘积 $q_t A_{e,t}$、中性技术进步 A_t 以及资本利率 r_t。

第三，本书测算全国和分行业及分地区的物化型技术进步值，全面反映我国不同维度资本质量状况，基于调整资本质量的前提测算出 1980～2016 年每年物化型技术进步对我国经济增长的贡献率，确认我国经济增长来源中物化型技术进步的存在，揭示物化型技术进步对经济增长贡献的动态特征。

本书的不足之处如下。

第一，由于数据限制，测算物化型技术进步时，全国和分行业及分地区采用的生产函数不一致。其中，将全国劳动力区分为技能劳动和非技能劳动，而在测算分行业和分地区时没有对此做区分。主要原因为在使用非线性似不相关回归模型估计时需要要素报酬份额，总劳动份额可以用收入法增加值和地区生产总值计算，我国没有官方分行业和分地区的技能劳动和非技能劳动份额数据。

第二，估计行业物化型技术进步时，由于我国行业分类进行了多次调整和修改，变化比较频繁，为保证数据前后可比性，只选择国民经济行业分类中比较稳定的门类。物化型技术进步定性分析比较高的行业大类、中类因数据统计不完整及前后不可比而没有列入研究内容。

第二章
文献综述

第一节　物化型技术进步的内涵

一　物化型技术进步的提出

物化型技术进步的提出主要是随着人们对资本形式和特征的认识而不断发展的。按照 Solow（1960）对物化型技术进步最早的定义可知，物化型技术进步是与时间、资本质量、资本价格相关的变量。从 1960 年物化型技术进步被提出到 20 世纪 80 年代中期以前，物化型技术进步是否为经济增长的来源一直备受争议，Denison（1964）认为这种技术进步无足轻重，甚至怀疑这种技术进步是否单独存在或只是其他技术进步形式的一种重新组合，无须单独加以度量。究其原因，主要是此期间的经济发展并没有凸显技术和设备投资品相结合的特征，设备投资业和技术的发展还未达到日新月异的程度，因此在度量资本品时仅在设备更新换代时用不同年代设备的生产率差异来体现。通过效率单位来衡量资本存量，即把由资本品生产率提高引起的"好用"程度量化。Jorgenson（1966）根据模型推导出物化型技术进步率等于资本品价格相对消费品价格下降的速度。但是在 Gordon 等（1985）之前的所有关于资本存量估计的文献中，所有技术进步都被假设为非物化型的，而此书假设新的设备资本蕴含物化型技术进步，同时假设存在物化型和非物化型的技术进步。从 20 世纪 80 年代中期开始，大规模的设备投资潮流兴起，发达国家的制造业出现了突飞猛进的发展。相应地，对物化型技术进步的关注和研究也越来越多。在对拜耳体系研究中同时在模型中加入物化型和非物化型的技术进步，并做比较，发现物化型技术进步对数据的拟合较好。研究发现在拜耳体系中由资本投入增加的生产率不断提高，而不是下降。与此同时，随着计算机软件业、通信业以及其他高新技术日新月异的发展，生产者为了追求更高的生产效率不断加大对新机器设备的投资，以获得蕴含在新机器设备中的最新技术使自身的利润达到最大化。

物化型技术进步是全要素生产率（TFP）的重要来源，这在不同文献中都得到了充分的认可和支持（Hulten，1992；Greenwood et al.，1997；Licandro et al.，2002）。在市场非完全竞争、规模报酬递增和存在技术革命的条件下研究技术进步，发现 IT 行业的技术革命可以使 TFP 增加 20%。至此物化型技术进步对经济增长的重要作用重新回到了人们的视线中。Hercowitz（1998）通过模型推导及国民收入与生产账户（NIPA）数据验证 Solow（1960）的模型与实际相符，物化型技术进步对经济增长具有不可忽视的作用，物化型技术进步是推动经济增长最主要的机制。

在研究物化型技术进步的过程中还有一类研究实际上从另一

个侧面印证了物化型技术进步的存在和作用，即技术折旧（Obso-lescence），具体指由于新技术的出现而使现有的技术或设备被抛弃或替代。国内研究没有对技术折旧进行相关定义，有学者认为实际上资本品的技术折旧率就应该等于物化型技术进步率（Hsieh，2001）。Hsieh 构建了引入更高质量资本品导致现存资本无形折旧的内生模型，与其他内生化无形折旧模型不同的是，他在文中假设当新资本品被引入后，从旧资本品中截取了一部分利润，而旧资本品并不是立刻被替代，只是效率相对较低，从而使所有旧资本品市场价格下降，因此造成资本品价格相对消费品价格持续下降，模型分析得出，资本品无形折旧的速度取决于新资本品预期被引入的速度，如果被高速引入，资本品就会快速折旧，而如果新资本品被引入的速度很慢，资本品的使用寿命则相对较长。

二　物化型技术进步的内涵

从宏观角度分析，经济增长的驱动力中，除了资本和劳动等基本要素投入外，技术进步是经济增长的一个重要来源。世界经济发展到当前，单纯依靠要素投入已经无法保障经济的有效增长。技术进步的作用越来越重要。技术进步是促进经济增长和导致各国收入差异的主要原因（Solow，1956；Swan，1956），也是发达国家领先其他国家最显著的特征。技术进步和不同生产要素融合，形成不同类型的技术进步。其中有一类技术进步是在提高产出之前必须融合到新资本品即新机器设备中去，也就是说当期的资本品的生产率取决于当期的技术状态，并不受后续的技术状态的约束（Solow，1960；Sato，1966），这种技术进步被称为物化型技术进步或是资本体现式技术进步。

　　Greenwood 等（1997）和 Licandro 等（2002）利用不同的方法度量了美国的物化型技术进步增长率，分别得出物化型技术进步对经济增长的贡献率达到 58% 和 69%。其中 Licandro 等（2002）在 Solow（1960）的基础上重新定义了物化型技术进步。同时他们指出技术进步实际上包括两种表现形式，其中一种是指效率的提高，新产品的质量本身并没有什么变化，并不蕴含新的技术和特性，只是生产同样的产量需要的时间更少，生产效率得以提高。他们认为物化型技术进步指在耐用商品生产部门采用改进质量的形式来体现技术进步，新的技术蕴含在新的设备中。他们指出在 Greenwood 等（1997）的研究中既没有刻意强调技术的改进，也没有提出资本的异质性。Licandro 等（2002）对容易混淆的年份资本、资本折旧与效率提高做了清晰划分，为后续研究者对物化型技术进步进行度量提供了思路。

三　中性技术进步衡量经济增长的局限性

　　20 世纪 80 年代发达国家大规模兴起设备投资，然而其经济增速却未达到预期效果，测算 1983～1988 年、1988～1993 年、1993～1998 年和 1998～2003 年的全要素生产率，发现均值分别为 5.6、3.4、4.1 和 3.8，1993～1998 年虽有提高但整体下降的趋势并没有发生根本变化（OECD，2005）。用参数和非参数方法度量的技术进步不仅没有出现增长趋势反而持续下降，这显示经济增长并没有向集约化方向发展。后续的研究者在解释上述现象时认为内生经济增长模型假定技术进步与资本积累相独立，这导致技术进步测算无法捕获新增设备资本品的质量变化，即传统全要素生产率度量的仅为中性技术进步，无法反映经济增长质量变化的全部（Boucekkine et al.，2005）。然而资本质量提高是现代经济产出增长的一个重要来源，一个直接证据就是一部分资本的生产率远远超过另一部分资本，资本的生产率在内部出现差异。现代技术进步更是以非独立方式提高要素质量和配置效率，通常依附于资本或劳动投入过程中，非均等地提高不同类型资本和劳动投入的质量和生产率，使纯中性技术进步假设结果有悖于当前技术进步贡献事实，进而也就无法准确判定一国真实的经济增长效率。例如欧元区20世纪90年代物化型技术进步加快并促进产出增长，但通过消费品和新的生产过程估计的非物化型技术进步比官方公布的数据下降的更多（Sakellaris and Vijselaar，2005）。

自1978年改革开放后，中国外商直接投资、对外贸易和经济产出获得了迅猛增长，但经济高投入和高增长模式能否持续引发置疑。依据要素投入数据测算全要素生产率发现，中国经济高增长同期经济增长质量并未得到明显改善（沈利生、王恒，2006）。20世纪90年代之后，中国经济进入高速稳定增长时期。为什么这一时期中国经济能够获得快速增长，文献研究的角度和方法虽然不尽相同，但都普遍认识到1990年以后我国经济增长的主要动力为大规模的资本投资、对外贸易迅速发展以及国内经济环境改善等。不过，与经济高增长并存的一个普遍现象是，经济增长的同时全要素生产率表现出下降趋势。通常，全要素生产率是度量经济增长效率即技术进步的重要指标，如岳书敬、刘朝明（2006）利用Malmquist指数分解全要素生产率，发现我国1996~2003年全要素生产率增长得益于技术进步。技术进步和经济增长相悖表明，仅仅表征中性技术进步的全要素生产率并非是技术进步的全部。董直庆、王林辉（2010）研究我国经济增长来源时指出物化型技术进步是促进经济增长的重要组成部分，而这部分的技术进步并非中性技术进步，通常无法通过全要素生产率来表征，而是融于资本积累过程中。技术进步对生产发挥作用前，往往物化于蕴含先进技术的生产设备即具有更高生产率的资本品中。因此忽略物化型技术进步，忽视估计资本质量提升对产出的影响，必将导致对经济增长质量的错误判断，使人们对技术进步作用认识与经济现实脱节。

第二节　物化型技术进步估计方法

一　物化型技术进步估计方法发展

蕴含在资本积累过程中的技术进步亦称资本体现式技术进步，对资本体现式技术进步的研究始于 Solow（1960），他认为新技术并非一定以知识、经验或技术工艺形态出现，通常结合实物方式作用于生产过程，在发挥生产率前耦合到新资本品中发挥作用。Licandro 等（2002）引入不同资本概念认为耐用商品生产部门通常采用质量改进方式提升技术进步。Gordon（1990）利用体现新资本品生产率不断提高的价格指数方法测算分行业的资本体现式技术进步，发现 20 世纪 80 年代后资本体现式技术进步呈现不断增长趋势。Greenwood 等（1997）同样采用价格指数方法来测算资本体现式技术进步，将物质资本细分为产出效率不同的建筑资本和设备资本，强调不同资本投资类型的体现式技术进步或在特定投资中的技术进步对资本价格的影响。根据实际观测的某些资本品的生产率要远高于其他资本品的特征，他发现设备投资占国内生产总值的比例逐年升高，而设备投资品相对其他资本的价格下降趋势越来越明显。因此，他们开创性地把资本品分为设备投资品和建筑投资品，这种设定更符合实际经济现实，很快得到学术界的认可，后续研究学者也多采用他们这种资本分类方法，与设备投资相关的物化型技术进步也被称为特定投资的技术进步。之后的学者在估计物化型技术进步时开始采用这种资本分类方法，Krusell 等（2000）建立了以资本和技术替代为特征的新古典总生产函数。Krusell 等（2000）在该篇文章中把两要素的生产函数发展为区分设备资本、建筑资本、技能劳动和非技能劳动的四要素的总生产函数。赵志耘等（2007）按照 Greenwood 等（1997）的模型构建了一个区分设备投资和建筑投资两个部门的内生增长模型。他们用该模型推导得到在设备投资中的相对技术进步率等于建筑投资或产出价格变动率与设备投资价格变动率之差。研究发现，中国在改革开放后的高投入增长方式中物化型技术进步率为 5.1% ~6%，并且在发展过程中资本积累和技术进步有效结合。黄先海、刘毅群（2008）在区分设备投资和建筑投资的基础上，利用发明专利申请计数衡量 ETC，度量了 26 个国家和地区 1980 ~2004 年 ETC 在 TFP 增长中的贡献，发现六个新兴经济体的物化型技术进步对全要素生产率的贡献高于发达国家，提出为保持经济可持续增长应提高我国效率资本的积累，增加研究与开发（R&D）支出，建议提高设备资本投资占国内生产总值（GDP）的比重。

二　物化型技术进步估计方法比较

Licandro 等（2002）运用 FS 指数的方法提出了产出增长率的

概念，所构造的 FS 指数为 $FS_t = \dfrac{Y_t}{Y_{t-1}^{FS}} = \dfrac{\kappa(p_t, v_t)}{\kappa(p_t, \hat{v}_{t-1})}$ ，其中 Y_{t-1}^{FS} 衡量

的是面对今天的价格和收入，今天需要多少钱才能使我觉得与在昨天的预算限制下得到的效用没有差别。这种方法与利用代表性家庭研究物化型技术进步的经济增长模型可以得到相同的结论。文中利用这个理论基于 NIPA 数据研究经济增长率时，发现物化型技术进步的贡献率约为 69%，比 Greenwood 等 (1997) 得到的 58% 大得多。Licandro 等 (2002) 强调在 Greenwood 等 (1997) 的研究中既没有刻意强调技术的改进，也没有提出资本的异质性，且模型中只有非耐用消费提供效用，所以度量的产出全部都是非耐用商品的。因此在均衡增长路径上，真实产出的衡量和非耐用品生产部门是一致的。但是 Licandro 等 (2002) 使用 FS 指数衡量的真实收入水平，以非耐用商品单位衡量真实产出也不合理，因为没有考虑到技术进步中物化型本质在效率方面的增加。

第三节　物化型技术进步对经济增长的影响

一　物化型技术进步对经济增长贡献率

根据 NIPA 数据采用均衡增长模型演绎并度量出设备投资对经济增长的推动作用，发现生产率增长中有近 60% 源于资本体现式技术进步（Greenwood et al.，1997）。Licandro 等 (2002) 强调 Greenwood 等 (1997) 的模型忽略了不同年代资本技术含量的差异，并运用指数方法和使用 NIPA 数据测算，发现资本体现式技

术进步贡献率约为 69%，超过 Greenwood 等（1997）的估计值近 11 个百分点。Hulten（1992）认为，现代机器设备投资迅猛发展正是其投资利润和生产率作用的结果，而生产率提升更多源于物化型技术进步的作用。一个基本假设是新资本品比旧资本品拥有更高的技术水平，即不同时期和不同年代的资本投资品具有不同技术属性。利用生产函数方法和一般均衡模型分解技术进步度量生产率增长来源，发现 20% 的全要素生产率是物化型技术进步作用的结果（Hulten，1992）。

我国对物化型技术进步的研究也随着我国经济及工业化道路的发展逐渐兴起，物化型技术进步对我国经济增长的作用也成为重要研究领域之一。1978～2003 年，我国人均设备资本、ETC 与非 ETC 对工业产出增长的贡献率分别占到了 12.89%、6.56% 和 7.92%。同时我国的工业 ETC 对 TFP 的增长贡献率也达到了 45.31%（黄先海、刘毅群，2006）。在改革开放后的高投入增长方式中物化型技术进步率为 5.1%～6%，并且在发展过程中资本积累和技术进步有效结合（赵志耘等，2007）。宋冬林等（2011）研究发现我国物化型技术进步对经济增长的贡献率为 10.6%，并在 90 年代后出现下降趋势，而中性技术进步表现为先降后升趋势，而孙克（2011）估算出中国物化型技术进步增长率为年均 11.5%，占全部技术进步的 72%。针对全要素生产率在 20 世纪 80 年代后表现出的"M"形走势，国内学者认识到仅关注中性技术进步考察全要素生产率局限明显。我国资本投入对经济增长的贡献率达到 74.81%，物化型技术进步对经济增长的作用达到 18.53%（张舒婷，2012）。

二　物化型技术进步对我国经济增长影响

诸多研究文献都一致认为我国的技术进步主要表现为物化型技术进步，非物化型技术进步的作用较小。如袁珮（2013）利用改进的 RBC 模型研究我国物化型和非物化型技术进步对我国经济增长及投资效率的影响，研究结果显示我国当前经济中存在对经济增长具有主要推动作用的是以引进设备和技术为主要体现方式的物化型技术进步，而以自主研发和创新为主的中性技术进步的作用并不明显。但也有学者认为当前我国能源物化型技术进步对经济增长的贡献率较大，但是非物化型技术进步也在稳定增长，对经济增长的驱动作用逐年上升（关峻，2013）。

更有学者从不同时期的角度更加具体地度量了物化型技术进步与经济增长之间的关系，短周期内物化型技术进步与经济增长率不具有因果关系，中周期内物化型技术进步是经济增长率的 Granger 原因，从长周期看，物化型技术进步和经济增长率互为 Granger 原因。在中长期内，物化型技术进步与经济增长率表现出共同变化的特征（董直庆、王林辉，2011）。

深入考察中国经济发现，当前我国面临的最主要问题不是经济增速下滑，而是过度依赖过去的经济增长路径。面对全球经济增长低迷的情况，采用货币宽松政策的国家经济开始复苏，中国也采用了同样的方式，因此当前的经济增长还是由投资拉动，集中在固定资产投资领域。但如果从固定资产投资内部结构分析就会发现当前大幅回升的是房地产和政府主导的基础建设投资，而与工业化相关的制造业投资却大幅下降，这也说明我国当前经济内生增长依然乏力。当前，在新兴工业体中，韩国和新加坡已经可以算是迈入工业化的国家，美国和日本已经是发达的工业化国家，而中国还在努力迈向工业化的道路上（章玉贵，2013）。在工业化的过程中，投资依然会发挥重要作用，但是仅有数量，不问质量最终只会出现事倍功半的结果。我国的资本质量尽管与从前相比有所提高，但是现有资本在投入之后资本产出率较低，资本质量亟待提高，而且投资结构调整也亟待解决，否则经济增速将得不到有效保障。

第四节　文献述评及研究前沿

第一，国外文献对物化型技术进步度量较多，度量方法主要为两类。一类是以资本价格变动反映物化型技术进步，其中以 Gordon（1990）建立的反映资本品生产率和质量的价格指数体系为代表，这是后来学者度量物化型技术进步借鉴最广泛的一种技术，为度量物化型技术进步奠定了基础。Licandro 等（2002）利用产出增长率的概念构建了 FS 指数。Licandro 等（2002）在度量真实产出时调整了耐用商品相对于非耐用商品在物化型技术作用下的效率，因此 FS 指数能够反映耐用商品与非耐用商品的质量差别，这也导致 Licandro 等（2002）衡量的物化型技术进步值高于 Gordon（1990）的度量值。但是从实际应用看，Gordon 的价格指数方法被更加广泛地引用。这两种方法对于衡量我国物化型技术进步都不适用，主要原因是我国没有建立类似的价格指数体系，因此研究我国物化型技术进步都是借鉴设备资本和建筑资本的价格指数，使用经过处理或是加权的各种物价指数。

另一类是以 Nelson（1964）为代表的基于生产过程对物化型技术进步进行估计的方法。Nelson 在估计物化型技术进步及其对经济的影响时考虑了资本的不同年龄，并得出资本平均年龄的变动会对物化型技术进步产生影响的结论。他在研究中也得出资本的折旧速度由物理折旧和经济折旧共同影响，还指出物化型技术进步的速度直接影响资本使用年限。

第二，度量物化型技术进步的文献中，生产函数设定多以 CD 生产函数为主，尽管可供选择的生产函数很多，但是文献中对物化型技术进步的研究主要是衡量其对经济增长的影响，使用其他生产函数很难分解物化型技术进步对经济增长的贡献，因此普遍采用易于分解和衡量的 CD 生产函数。我国文献中对物化型技术进步度量基本采用两种资本的价格比替代方式，这种方式实际上只捕获到了两种资本生产效率的不同，而没有反映出设备资本的质量改进和质量提高。因此对设备资本的存量度量和产出度量存在误差，当然这比把所有资本看作非物化型的还是有进步的。

第三，准确度量资本存量，估算资本质量，并考虑资本的技术进步和知识因素是当前研究的前沿领域。这些研究不但涉及物化型技术进步，也涉及投资效率及经济折旧等新兴概念，是准确度量资本效率的基础。

第三章
物化型技术进步及其对经济增长贡献模型

自从 Solow（1960）提出物化型技术进步之后，学者们从不同角度，使用不同方法估计物化型技术进步及其对经济增长的贡献。本章将回顾估计物化型技术进步的不同理论方法，并提出本书测度物化型技术进步的理论模型。

第一节　基于生产理论和价格理论的物化型技术进步对经济增长贡献模型

一　基于生产理论的物化型技术进步对经济增长贡献模型

最早提出基于生产理论估计物化型技术进步的是 Nelson（1964），他利用 Solow（1960）的资本物化模型的变体，通过建立物化型技术进步率和资本年龄之间的关系，推导出物化型技术进步及其对经济增长的贡献。推导过程如下：

$$O_t = A'_t L_t^b J_t^{1-b} \qquad (3.1)$$

其中，J_t 表示对原 CD 生产函数资本存量 K_t 的质量加权，新机器被赋予较大的权重。A'_t 为经济效率指数，区别于经典 CD 生产函数的索洛剩余，因为 A'_t 包括了 J_t 中的一部分。基于公式（3.1）进行生产率分解可得：

$$\frac{\Delta O_t}{O_t} = \frac{\Delta A'_t}{A_t} + b\left(\frac{\Delta L_t}{L_t}\right) + (1 - b)\frac{\Delta J_t}{J_t} \tag{3.2}$$

如果新技术以每年 λ_k 的速度提高设备质量，λ_k 为物化型技术进步率，J_t 可以用式（3.3）表示：

$$J_t = \sum_0^t K_{v,t}(1 + \lambda_k)^v \tag{3.3}$$

为了便于把式（3.3）代入式（3.2）中，Nelson（1964）对式（3.3）进行了近似：

$$J_t = B(1 + \lambda_k)^t K_t[1 + \lambda_k(\overline{a_0} - \overline{a_t})] \tag{3.4}$$

其中，$\overline{a_0}$、$\overline{a_t}$ 分别是资本在 0 和 t 时刻的平均年龄，当 λ_k 和 $\overline{a_t}$ 取很小值时与 $\overline{a_0}$ 差别不大，这时

$$\frac{\Delta J_t}{J_t} = \frac{\Delta K_t}{K_t} + \lambda_k - \lambda_k \Delta \overline{a} \tag{3.5}$$

其中，$\Delta \overline{a}$ 为资本平均年龄的变动。把式（3.5）代入式（3.2）中可得：

$$\frac{\Delta O_t}{O_t} = \left[\frac{\Delta A'_t}{A_t} + (1 - b)\lambda_k - (1 - b)\lambda_k \Delta \overline{a}\right] + b\left(\frac{\Delta L_t}{L_t}\right) + (1 - b)\frac{\Delta K_t}{K_t}$$

$$\tag{3.6}$$

当资本平均使用年限不变时，全要素生产率为 $\frac{\Delta A'_t}{A_t} + (1 - b)$

λ_k，其中 $(1-b)\lambda_k$ 为物化型技术进步对产出增长的贡献率，而

$\dfrac{\Delta A'_t}{A_t}$ 为非物化型技术进步率。如果资本平均使用年限发生变化，则

物化型技术进步对经济增长的贡献率为 $(1-b)\lambda_k - (1-b)$

$\lambda_k \Delta \bar{a}$。

二 基于价格理论的物化型技术进步对经济增长贡献模型

价格理论认为商品价格由社会必要劳动时间决定，当商品的
生产率提高后，社会必要劳动时间减少，价格也会下降。而物化
型技术进步能够提高新设备的生产率，从而降低设备资本品的价
格，因此可以利用设备资本价格的相对变动测度物化型技术进
步。Gordon（1990）建立了针对 22 种设备质量调整的价格指数。
Hulten（1992）最早利用 Gordon（1990）的价格指数估算物化型
技术进步及其对经济增长的贡献。当资本的折旧率为 δ 时，传统
的资本积累方程为：

$$K(t) = I(t) + (1-\delta)I(t-1) + \cdots + (1-\delta)^t I(0) \qquad (3.7)$$

按照 Fisher（1965）的思想，质量更好可以用更多来表示，
则可以将投资调整为效率单位 $H(t) = \Phi(t)I(t)$，$\Phi(t)$ 为技术效
率，那么在时刻 t 的资本总量用效率单位表示为：

$$J(t) = H(t) + (1-\delta)H(t-1) + \cdots + (1-\delta)^t H(0)$$
$$= \Phi(t)I(t) + (1-\delta)\Phi(t-1)I(t-1) + \cdots + (1-\delta)^t \Phi(0)I(0)$$
$$\qquad (3.8)$$

其中式（3.8）和式（3.7）的差为物化技术平均效率。式
（3.8）除以第 t 期的资本存量可以得到真实技术效率的加权平均

形式：

$$\Psi(t) = \frac{I(t)}{K(t)}\Phi(t) + \frac{(1-\delta)I(t-1)}{K(t)}\Phi(t-1)$$

$$+ \frac{(1-\delta)^2 I(t-2)}{K(t)}\Phi(t-2) + \cdots \qquad (3.9)$$

从式（3.9）看出，资本的平均生产率既取决于技术效率，也取决于每年投资除去折旧剩余部分占资本存量的比例。并且可以得到：

$$\Phi(t) = \frac{H(t)}{I(t)} \qquad\qquad (3.10a)$$

$$\Psi(t) = \frac{J(t)}{K(t)} \qquad\qquad (3.10b)$$

无论采用何种计量单位，市场均衡时总投入和总支出价值量相等。

于是 $P_I(t)I(t) = P_H H(t)$，$P_K(t)K(t) = P_J J(t)$，其中 P 为在不同计量单位下对应的价格。

结合式（3.10a）和式（3.10b）可以得到：

$$\Phi(t) = \frac{P_I}{P_H} \qquad\qquad (3.10c)$$

$$\Psi(t) = \frac{P_K}{P_J} \qquad\qquad (3.10d)$$

借助式（3.10c）和式（3.10d）可以把不可观测的技术物化参数用价格比的形式估计出来。把 $\Phi(t)$ 代入所选择的生产函数中，可以得到物化型技术进步对经济增长的贡献率。如果生产函数选择如下形式：

$$O_t = C(t) + \Phi(t)I(t) = F[L(t), \psi(t)K(t), t] \qquad (3.11)$$

则

$$\hat{O} = [1 - \sigma(t)]\hat{C}(t) + \sigma(t)\hat{I}(t) + \sigma(t)\phi(t)$$

$$= [1 - \pi(t)]\hat{L}(t) + \pi(t)\hat{K}(t) + \pi(t)\psi(t) + \lambda(t) \qquad (3.12)$$

其中 O 上的 ^ 代表产出和投入的增长率，$\phi(t)$ 和 $\psi(t)$ 分别为 $\Phi(t)$ 和 $\Psi(t)$ 的增长率，$\lambda(t)$ 为非物化型技术进步的份额，$\sigma(t)$ 和 $\pi(t)$ 分别为投资和资本的收入份额。$\sigma(t)\phi(t)$ 为物化型技术进步对经济增长的贡献率，$\phi(t)$ 为物化型技术进步率。价格理论在估计物化型技术进步及其对经济增长贡献时被认可度最高，后续学者估计物化型技术进步几乎都采用这种方法。

第二节　基于资本质量指数的物化型技术进步及经济增长模型

一　基于资本质量调整的经济增长模型

随着经济的发展，资本质量对经济产出增长的作用越来越重要，但资本内部却表现出一个重要的特征，一部分资本生产率的增长远远超过了另一部分资本，即异质性资本对经济增长表现出差异性效果。按照 Greenwood 等（1997），Krusell 等（2000），宋冬林等（2011）的分类方法，资本可以分为建筑资本和设备资本，设备资本包括计算机、机械设备等，且相较于建筑资本，设备资本生产技术效率往往较高。因此为了能够快速提高生产率，大量的资本被投向可以提高产出的设备上，新的技术被物化到新的设备中，并被大规模应用于生产，从而极大地提高产品生产效率，与之相对的建筑资本的技术进步却相对缓慢。因此，技术进步越来越依赖于蕴含新技术和创新的设备资本，物化型技术进步也成为推动经济增长的重要因素。

假设 1：代表性消费者的个体效用来自两方面：一是来自产品消费，产品消费越多，个体消费者效用越大，但产品消费的边际效应递减；二是来自消费者的个体劳动时间支出，消费者个体劳动时间越长，效用越低。无限期生命代表性消费个体的效用贴现的总和满足：

$$U = \int_{0}^{\infty} u(c_t, l_t) e^{-\rho t} \mathrm{d}t \qquad (3.13)$$

其中，$u(c_t, l_t) = \vartheta \ln c_t + (1 - \vartheta) \ln(1 - l_t)$ 为消费者的效用函数，c_t 为个体消费者第 t 期消费总额，l_t 为第 t 期个体劳动投入，ρ 为消费者效用的贴现值。

参考 Krusell 等（2000）的设定，将资本投入划分为设备资本和建筑资本，将劳动分为技能劳动和非技能劳动，进而社会经济总产出满足 CES 生产函数形式：

$$Y_t = A K_{s,t}^{\alpha} \{ \omega [\beta K_{e,t}^{\rho} + (1 - \beta) L_{s,t}^{\rho}]^{\frac{\sigma}{\rho}} + (1 - \omega) L_{u,t}^{\sigma} \}^{\frac{1-\alpha}{\sigma}} \qquad (3.14)$$

其中，$K_{s,t}$ 和 $K_{e,t}$ 分别表示建筑投资和设备投资，$L_{s,t}$ 和 $L_{u,t}$ 分别表示技能劳动和非技能劳动。A 是中性技术进步，$\frac{1}{1-\rho}$ 为技能劳动和设备投资的替代弹性，$\frac{1}{1-\sigma}$ 为非技能劳动和技能劳动和设备资本的替代弹性。α 为建筑资本产出份额，ω 和 β 分别为设备资本和技能劳动的投入份额。

进而可得单位劳动的经济产出为：

$$y_t = A k_{s,t}^{\alpha} \{ \omega [\beta k_{e,t}^{\rho} + (1 - \beta) m^{\rho}]^{\frac{\sigma}{\rho}} + (1 - \omega)(1 - m)^{\rho} \}^{\frac{1-\alpha}{\sigma}}$$

$$(3.15)$$

其中，m 为技能劳动份额，$1 - m$ 为非技能劳动份额，y_t、$k_{s,t}$ 和 $k_{e,t}$ 分别为单位劳动经济产出、单位劳动建筑资本投资和单位劳动设备资本投资。

假定 2：生产过程中需要投入建筑资本和设备资本，在不同时期二者蕴含的技术进步及增长率不同，分别用 $A_{s,t}$ 和 $A_{e,t}$ 表示生产建筑资本和设备资本的技术效率参数。$F_t(k_{s,t}, k_{e,t}, l_t)$ 为当前经济条件约束下基准产品的生产函数；A_t 为中性技术进步；建筑资本以及设备资本的生产分别取决于基准产品、中性技术进步、建筑资本和设备资本的技术效率参数。则将建筑资本和设备资本投入生产的两个部门的产出可分别表示为：

$$i_{s,t} = A_t A_{s,t} F_t(k_{s,t}, k_{e,t}, l_t)$$

$$(3.16)$$

$$i_{e,t} = A_t A_{e,t} F_t(k_{s,t}, k_{e,t}, l_t)$$

$$(3.17)$$

假定 3：假设新生产的设备资本和建筑资本全部用于投资，而资本存量为不同时期、不同技术含量的资本品逐期累积的结果，若技术进步连续而非离散跳跃式发展，则第 $t + 1$ 期建筑资本和设备资本积累方程分别满足：

$$k_{s,t+1} = (1 - \delta_s) k_{s,t} + i_{s,t}$$

$$(3.18)$$

$$k_{e,t+1} = (1 - \delta_e) k_{e,t} + q_t i_{e,t}$$

$$(3.19)$$

其中，δ_s 和 δ_e 分别为建筑资本折旧率和设备资本折旧率，q_t 为资本质量指数。若经济体第 t 期总产出全部用于消费、建筑资本投资以及设备资本投资，则经济体满足如下资源约束条件：

$$y_t = c_t + i_{e,t} + i_{s,t} \tag{3.20}$$

其中，c_t 为第 t 期总消费，$i_{s,t}$ 和 $i_{e,t}$ 分别为建筑资本投资和设备资本投资。

假设 4：资本市场完全竞争下，建筑资本投资与设备资本投资的利率相等，而代表性消费者的收入分别来自其工资收入以及建筑资本投资与设备资本投资收入所得，则消费者最大化消费约束条件满足：

$$c_t \leqslant w_t + r_t [(A_{s,t} + q_t A_{e,t}) A_t i_t - \delta_e k_{e,t} - \delta_s k_{s,t}] \tag{3.21}$$

其中，w_t 为个体消费者工资收入，$i_t = F_t(k_{s,t}, k_{e,t}, l_t)$ 为基准品投资，r_t 为完全竞争市场下建筑资本投资与设备资本投资收益率。则个体消费者效用最大化函数满足如下：

$$\max_{c_t,l_t} u(c_t, l_t) = \max_{c_t,l_t} \int_0^\infty [\vartheta \ln c_t + (1 - \vartheta) \ln(1 - l_t)] e^{-\rho t} dt \tag{3.22}$$

$$\text{s.t.} \int_0^\infty e^{-R(t)} c_t dt \leqslant \int_0^\infty e^{-R(t)} \{ w_t + r_t [(A_{s,t} + q_t A_{e,t}) A_t i_t - \delta_e k_{e,t} - \delta_s k_{s,t}] dt \}$$

$$\tag{3.23}$$

其中，$R(t) = \int_{\tau=0}^t [(A_{s,\tau} + q_\tau A_{e,\tau}) A_\tau - \delta \tau] d\tau$，表示剔除资本折旧后，初期 1 单位投入在 t 期之后的单位产出。进而根据消费者个体效用最大化条件以及消费约束条件构建拉格朗日函数如下：

$$F = \int_0^\infty [\vartheta \ln c_t + (1 - \vartheta) \ln(1 - l_t)] e^{-\rho t} dt$$

$$+ \theta\left(\int_0^\infty e^{-R(t)}(w_t + r_t((A_{s,t} + q_t A_{e,t})i_t - \delta_e k_{e,t} - \delta_s k_{s,t})dt\right) - \int_0^\infty e^{-R(t)}c_t dt)$$

$$(3.24)$$

进而依据最大化一阶条件，可得：

$$\frac{\theta}{c_t}e^{-\rho t} = \theta e^{-R(t)} \tag{3.25}$$

对式（3.25）两边取对数，并对时间 t 求导可得：

$$-\rho - \frac{\dot{c}_t}{c_t} = \delta - r_t(A_{s,t} + q_t A_{e,t})A_t \tag{3.26}$$

在平衡增长路径上，总体经济增长率与消费增长率一致，进而可得经济增长率 g_t 为：

$$g_t = -\rho - \delta + r_t(A_{s,t} + q_t A_{e,t})A_t \tag{3.27}$$

从经济增长率 g_t 均衡解可以看出，区别于传统经济增长模型，一国经济增长率取决于建筑资本部门的技术效率参数 $A_{s,t}$、设备资本部门资本质量指数与技术效率参数乘积 $q_t A_{e,t}$、中性技术进步 A_t 以及资本利率 r_t。

二 资本质量指数与物化型技术进步

估计物化型技术进步，本书选择如下数理模型。

假定5：依据 Greenwood 等（1997）的分类方法，资本可分为建筑资本和设备资本两类，其中设备资本主要包括技术进步和对生产率提高作用明显的计算机和机械设备等。

假定6：结合 Krusell 等（2000）的假定资本和技术替代的 CES 生产函数为：

$$Y_t = AK_{s,t}^{\alpha} \left\{ \omega \left[\beta K_{e,t}^{\rho} + (1-\beta) L_{s,t}^{\rho} \right]^{\frac{\sigma}{\rho}} + (1-\omega) L_{u,t}^{\sigma} \right\}^{\frac{1-\alpha}{\sigma}} \quad (3.28)$$

其中，$K_{s,t}$ 和 $K_{e,t}$ 分别表示建筑投资和设备投资，$L_{s,t}$ 和 $L_{u,t}$ 分别表示技能劳动和非技能劳动。A 是中性技术进步，$\dfrac{1}{1-\rho}$ 为技能劳动和设备投资的替代弹性，$\dfrac{1}{1-\sigma}$ 为非技能劳动和技能劳动和设备资本的替代弹性。α 为建筑资本产出份额，ω 和 β 分别为设备资本的投入份额和技能劳动的投入份额。区分设备资本和建筑资本的原因是它们的生产率显著不同，随着经济不断发展，资本和劳动都在发展过程中出现了不同类别的分化，即建筑资本、设备资本、技能劳动和非技能劳动。并且，随着生产要素的发展，由于各自的生产率不同，为了使产出最大化，要素之间出现了相互替代的特征。资本和技术替代性的一个重要的启示就是设备资本存量的增加提高了技能劳动的边际产出，却减少了非技能劳动的边际产出。因此把两要素的生产函数发展为区分设备资本、建筑资本、技能劳动和非技能劳动的四要素的总生产函数。我们这里之所以采用了式（3.28）的形式，是因为先进的设备和技能劳动都具有较高的生产效率，它们之间更可能存在替代性，而把它们结合在一起对非技能劳动的冲击和替代作用明显，甚至在设备资本和技能劳动生产效率提高的同时导致了非技能劳动生产效率的下降，而建筑资本与其他的生产要素不存在显著替代关系。

假定7：建筑资本按照传统资本积累方程进行累加，由于物化形态的技术进步主要蕴含于设备资本中，将设备资本积累方程进行质量调整，即将不同资本质量通过更多数量进行描述。由于资本存量是不同时期、不同技术含量的资本品逐期累积的结果，若技术进步连续而非离散跳跃式发展，第 $t+1$ 期的建筑资本和设备资本积累方程满足：

$$K_{s,t+1} = (1 - \delta_s)K_{s,t} + I_{s,t} \qquad (3.29)$$

$$K_{e,t+1} = (1 - \delta_e)K_{e,t} + q_t I_{e,t} \qquad (3.30)$$

其中，建筑资本折旧率和设备资本折旧率分别为 δ_s 和 δ_e，q_t 表示第 t 期设备资本质量指数，表征物化型技术进步。

建筑资本和设备资本具有不同的生产率，这是由于不同类型的资本蕴含不同的技术进步，物化型技术进步在决定投资品价格中起到了很重要的作用（Hulten，1992）。如果市场是完全竞争的，那么不同类型资本的生产率就应该由不同的价格来体现，不同资本的边际产出可以用不同的价格来替代。假设生产建筑资本和设备资本的技术不同，我们做出如下假定。

假定 8：要素市场完全竞争下，不同类型资本价格即报酬按照其要素生产率支付。由于生产过程中需要投入建筑资本和设备资本，在不同时期二者蕴含的技术进步及增长率不同，分别用 A_s、A_e 表示建筑资本的技术水平和设备资本的技术水平。$F(K_s,K_e,L_s,L_u)$ 为当前经济条件约束下的生产函数，通过建筑资本和设备资本投入生产的两个部门产出可表示为：

$$Q_{s,t} = A_{s,t}F_t(K_{s,t},K_{e,t},L_{s,t},L_{u,t}) \qquad (3.31)$$

$$Q_{e,t} = A_{e,t}F_t(K_{s,t},K_{e,t},L_{s,t},L_{u,t}) \qquad (3.32)$$

如果将新生产的设备资本和建筑资本全部用于投资，则

$$Q_{s,t} = I_{s,t+1}O_{e,t} = I_{e,t+1} \qquad (3.33)$$

用 $P_{s,t}$，$P_{e,t}$ 分别表示建筑资本价格和设备资本价格，当市

场竞争达到均衡时，则设备资本品和建筑资本品的投资利润相等：

$$P_{s,t}I_{s,t} = P_{e,t}q_tI_{e,t} \qquad (3.34)$$

则市场竞争均衡时资本质量指数满足：

$$q_t = \frac{P_{s,t}}{P_{e,t}} \cdot \frac{A_{s,t}}{A_{e,t}} \qquad (3.35)$$

从模型的均衡解可以看出，资本质量指数 q_t 可以表示成两部分：一部分为建筑资本相对于设备资本的价格；另一部分为生产建筑资本与设备资本的相对技术效率。在这两部分中，前一部分是可以观测的，后一部分却是一个随时间变化的不可观测变量。由此可知，资本质量指数 q_t 也是一个随时间变化而变化的非可观测变量，本书用 q_t 度量物化型技术进步。

假定9：为了简化计算，假设建筑资本蕴含的技术进步相对于设备资本均为时间的函数，由于设备资本和建筑资本价格也是时间的函数，而资本质量与相对价格指数呈正相关关系，则假定 $\frac{A_{s,t}}{A_{e,t}}$ 在观测期间为某一常数，设为 $\bar{q}$。令 $\frac{P_{s,t}}{P_{e,t}} = p_t$，资本质量方程可简化为：

$$q_t = p_t\bar{q} \qquad (3.36)$$

对资本质量方程的简化可以达到两个目的：一是使设备资本积累方程由高阶迭代变为单阶迭代，大大简化计算过程；二是通过简化设备资本存量的计算，将设备资本积累由一个高度迭代方程简化为低次迭代方程，结合生产函数就可以直接估计资本质量指数。按照物化型技术进步理论模型的定义，q_t 的平均增长率为物化型技术进步值，但是由于本书对 q_t 的特殊设定，按照物化型技术进步定义计算物化型技术进步实际为价格比的平均增长速度，本书定义物化型技术进步值为资本质量指数，物化型技术进步值等同于资本质量指数 q_t。

第三节　本章小结

本章首先回顾了物化型技术进步及其对经济增长贡献的两类估计方法，出现最早的一类是利用生产理论对物化型技术进步进行估计的方法。Nelson（1964）利用 Solow（1960）的资本物化模型的变体，通过建立物化型技术进步率和资本年龄之间的关系，推导出物化型技术进步及其对经济增长的贡献。另一类估计方法是建立在资本设备价格变动基础之上，利用价格变动反映资本质量变化。Gordon（1990）建立了针对 22 种设备质量调整的价格指数。Hulten（1992）最早利用 Gordon（1990）的价格指数估算物化型技术进步及其对经济增长的贡献。

其次，本章推导出设备资本质量调整后的经济均衡增长的理论模型和以资本质量指数估计物化型技术进步的数理模型，通过理论模型发现在将资本按照生产率不同区分为设备资本和建筑资本后，均衡增长路径上的经济增长率取决于建筑资本部门与设备资本部门的技术效率参数 $A_{s,t}$ 和 $A_{e,t}$、中性技术进步 A_t 以及资本利率 r_t。假设建筑资本以永续盘存法并以非物化形式进行积累，而设备资本以永续盘存法并以物化形式、质量改进形式进行积累，当市场处于完全竞争状态且市场均衡时推导出物化型技术进步即资本质量指数。并且假设建筑资本生产部门与设备资本生产部门的生产技术效率参数之比是一个常数，简化了资本质量方程。结合区分设备资本和建筑资本的两部门的资本和技术替代的 CES 生产函数，为测算物化型技术进步推导出数理模型。

第四章
物化型技术进步测算和演变趋势分析

本章主要研究如何有效分离并测度耦合于资本积累中的物化型技术进步，并通过测度全国及分行业、分地区物化型技术进步率，研究物化型技术进步的时间演变趋势，对比并分析物化型技术进步行业分布和空间布局的演变特征。

自改革开放后，中国外商直接投资、进出口贸易和经济产出迅猛增长，但依赖高投入推进经济增长模式能否持续引发质疑。依据要素投入数据测算中国全要素生产率发现，虽然经济高速增长，但同期经济增长质量并未得到明显改善（沈利生，2011）。OECD（2005）测算显示，中国 1983～1988 年、1988～1993 年、1993～1998 年和 1998～2003 年全要素生产率均值分别为 5.6、3.4、4.1 和 3.8，1993～1998 年虽有提高但整体下降趋势并没有发生根本变化。且据已有研究采用参数或非参数方法度量的技术进步率显示，中国技术进步率不仅没有增长反而呈持续下降趋势，表明经济增长并没有向集约化方向发展。Boucekkine 等（2005）发现内生经济增长模型假定技术进步与资本积累相独立，导致技术进步率的测算方法无法捕获新增设备资本品的质量变化，即传统全要素生产率的度量仅反映中性技术进步，无法反映全部经济增长质量变化。然而资本质量提高是现今经济增长的一个重要来源，一个直接证据就是异质性资本生产率存在差异，即一部分资本的生产率远远超过另一部分资本。如今技术进步更是以非独立方式提高要素质量和配置效率，通常依附于资本或劳动投入过程中，非均等地提高不同类型资本和劳动质量和生产率，导致在中性技术进步假设下估计的经济增长效率与事实之间存在偏差。

　　蕴含在资本积累过程中的技术进步亦称为资本物化型技术进步，研究最初始于 Solow（1960），认为新技术并非一定以知识、经验或技术工艺形态出现，而是通常以实物方式作用于生产过程，耦合到新资本品中提高生产效率。Licandro 等（2002）指出，通常耐用商品生产部门采用质量改进方式提升技术进步。Gordon 等（1990）认为价格指数可以体现新资本品生产率，并根据不变质量价格指数测算分行业的物化型技术进步率，发现 20 世纪 80 年代后美国资本体现式技术进步呈现不断增长趋势。物化型技术进步对经济增长的作用不容忽视，Greenwood 等（1997）将物质资本细分为建筑资本和设备资本，基于 NIPA 数据，采用均衡增长模型演绎并度量设备投资对经济增长的推动作用，发现生产率增长中有近 60% 的增长源于资本体现式技术进步。Licandro 等（2002）强调 Greenwood 等（1997）的模型忽略了不同年代资本技术含量的差异，并运用指数方法和使用 NIPA 数据测算，发现物化型技术进步对经济增长的贡献率约为 69%，超过 Greenwood 等（1997）估计结果的近 11 个百分点。Hulten（1992）认为新资本品比旧资本品拥有更高的技术水平，利用一般均衡模型演绎技术进步对生产率增长的作用，发现 20% 的全要素生产率增长是物化型技术进步作用的结果。

中国全要素生产率在 20 世纪 80 年代后表现为 "M" 形走势，国内学者逐渐认识到用中性技术进步解释全要素生产率的局限性。90 年代后，不同类型技术进步贡献出现分化，物化型技术进步贡献不断下降，而中性技术进步贡献却呈现先降后升的变化趋势。赵志耘等（2007）构建出一个区分设备资本和建筑资本的两个部门内生经济增长模型，考察体现式技术进步的作用特征，结果发现中国经济发展过程中呈现技术进步与资本愈加耦合的特性，改革开放后高资本投入中物化型技术进步率保持为 5.1% ~ 6%。黄先海和刘毅群（2006）利用扩展的 Solow（1960）的模型研究发现，物化型技术进步对我国工业生产率和全要素生产率贡献突出，1978 ~ 2003 年物化型技术进步和中性技术进步对工业产出增长的贡献率分别为 6.56% 和 7.92%，其中工业全要素生产率增长的 45.31% 归功于物化型技术进步。宋冬林等（2010）利用建筑资本和设备资本价格比度量资本质量，结果显示在设备资本投资中的物化型技术进步年均增长率为 4.78%，对经济增长的贡献率为 10.6%。

当前，如何有效分离并测度耦合于资本积累中的技术进步，仍是当前技术进步文献研究的难点和前沿。当然，国内文献研究虽开始涉及物化型技术进步，但更多是定性分析物化型技术进步的存在性，仅有少量研究采用设备投资和发明专利等指标或不同类型设备资本价格比方式，间接测算资本物化型技术进步及其对经济增长的作用。为深化对我国技术进步和经济增长质量的认识，本章定量测算物化型技术进步，通过调整技术进步变化更为明显的设备资本积累方程，基于更高资本质量可以采用更多资本数量来表示的思路，采用双层嵌套的 CES 生产函数法估计资本质量指数。

第一节 物化型技术进步测度

一 计量方法选择

根据 Krusell 等（2000）的思路，假定资本和技术替代的嵌套 CES 生产函数为：

$$Y_t = A K_{s,t}^{\alpha} \left\{ \omega \left[\beta K_{e,t}^{\rho} + (1-\beta) L_{s,t}^{\rho} \right]^{\frac{\sigma}{\rho}} + (1-\omega) L_{u,t}^{\sigma} \right\}^{\frac{1-\alpha}{\sigma}} \quad (4.1)$$

根据第三章的推导得到：

$$q_t = \frac{P_{s,t}}{P_{e,t}} \cdot \frac{A_{s,t}}{A_{e,t}} \quad (4.2)$$

资本质量指数 q_t 是一个随时间变化的非可观测变量，本书用 q_t 度量物化型技术进步。假定 $\dfrac{A_{s,t}}{A_{e,t}}$ 在观测期间为某一常数，设为 $\bar{q}$。

令 $\dfrac{P_{s,t}}{P_{e,t}} = p_t$，资本质量方程可简化为：

$$q_t = p_t \bar{q} \quad (4.3)$$

式（4.3）为资本质量指数，在本书等同于物化型技术进步，把式（4.3）代入设备资本积累方程：

$$K_{e,t+1} = (1 - \delta_e) K_{e,t} + q_t I_{e,t} \quad (4.4)$$

经过整理可以写成：

$$K_{e,t} = (1 - \delta_e)^t K_{e,0} + \bar{q} \sum_{n=1}^{t} (1 - \delta_e)^n p_t I_{e,t} \qquad (4.5)$$

把建筑资本和设备资本积累方程代入生产函数式（4.1），可以得到以 $\bar{q}$ 为参数的非线性方程。将式（4.1）分别对 $K_{s,t}$、$K_{e,t}$、$L_{u,t}$、$L_{s,t}$ 取偏导，得到四种生产要素的边际产出。假设市场处于完全竞争状态，当市场均衡时，边际产出等于产品价格，产品价格乘以产量得到各要素的收入份额。同时对生产函数取对数，得到由五个方程构成的方程组。

令：

$$B = \beta K_{e,t}^{\rho} + (1 - \beta) L_{s,t}^{\rho} \qquad (4.6)$$

$$C = \omega B^{\frac{\sigma}{\rho}} + (1 - \omega) L_{u,t}^{\sigma} \qquad (4.7)$$

$$
\begin{cases}
\ln Y = \ln A + \alpha \ln K_{s,t} + \dfrac{1 - \alpha}{\sigma} \ln C \\[2mm]
K_{s,t} \cdot \dfrac{\partial Y}{\partial K_{s,t}} = A \alpha K_{s,t}^{\alpha} C^{\frac{1-\alpha}{\sigma}} \\[2mm]
K_{e,t} \cdot \dfrac{\partial Y}{\partial K_{e,t}} = A(1 - \alpha) \omega \beta K_{s,t}^{\alpha} K_{e,t}^{\rho} C^{\frac{1-\alpha}{\sigma}-1} B^{\frac{\sigma}{\rho}-1} \\[2mm]
L_{u,t} \cdot \dfrac{\partial Y}{\partial L_{u,t}} = A(1 - \alpha)(1 - \omega) K_{s,t}^{\alpha} C^{\frac{1-\alpha}{\sigma}-1} L_{u,t}^{\alpha} \\[2mm]
L_{s,t} \cdot \dfrac{\partial Y}{\partial L_{s,t}} = A \omega (1 - \alpha)(1 - \beta) K_{s,t}^{\alpha} C^{\frac{1-\alpha}{\sigma}-1} B^{\frac{\sigma}{\rho}-1} L_{s,t}^{\rho}
\end{cases}
\qquad (4.8)
$$

为了得到稳健的估计，本章采用非线性似不相关回归模型对方程组（4.8）参数进行估计。

二 指标选择及数据描述

本书样本区间为我国 1980～2016 年，在估计全国资本质量指数及方程组（4.8）中参数时需要设备投资和建筑投资数据、设备投资价格指数和建筑投资价格指数数据、技能劳动和非技能劳动数据、总产出数据、设备资本和建筑资本收入份额数据、技能劳动和非技能劳动收入份额数据。设备投资和建筑投资的数据来自历年《中国统计年鉴》，并用价格指数进行平减剔除价格影响。建筑资本的折旧率设定为8%，但设备资本的折旧率计算比较复杂，不同设备折旧率不同，比如一般设备折旧率不超过10%，计算机设备折旧率不超过25%，车辆等视使用状况而定，本书以不同设备制造业产值比重为权重，加权计算设备资本的平均折旧率，结果为15%。设备投资和建筑投资分别采用历年设备工器具购置数额和建筑安装工程投资额，设备资本和建筑资本的价格分别用设备工器具购置价格指数和建筑安装工程价格指数表示，并换算成以1979年为基期的定期指数。技能劳动与非技能劳动按受教育程度划分，其中技能劳动者以大学生存量来衡量，非技能劳动数据为总劳动数据减去技能劳动数据。总产出数据采用国内生产总值收入法进行核算，并采用GDP平减指数进行平减。用收入法核算的国内生产总值包括劳动报酬、资本折旧、营业盈余和生产税净额，其中资本折旧和营业盈余归为资本报酬，生产税净额按资本折旧加营业盈余之和与劳动报酬比例分摊给资本报酬和劳动报酬。劳动报酬和资本报酬与总产出的比值分别代表劳动收入份额和资本收入份额。技能劳动份额和非技能劳动份额用技能劳动工资总额和非技能劳动工资总额与总产出之比表征。设备资本和建筑资本的价格在自由市场下应等于其租金的贴现，因此建筑资本和设备资本价格之比与租金之比成正比，由此推出建筑资本和设备资本收入份额。以上数据来自中国统计局网站和各省统计年鉴。

三 实证结果及评价

(一) 实证结果分析

根据统计年鉴数据计算建筑资本与设备资本定基相对价格比，二者价格比变化趋势见图 4.1。1980～2016 年，建筑资本相对设备资本价格上升尤为明显，1980 年时二者之比接近 1，至 2016 年，建筑资本价格是设备资本价格的近 4 倍。设备资本价格相对于建筑资本价格大幅下降，必然是生产设备资本成本下降引发其价格下跌，暗示设备资本品的生产技术水平不断提高，使新资本品生产率远高于旧资本品而引发旧资本品市场贬值。但是从图 4.1 中也可看出，2008 年后，设备资本价格指数相对建筑资本价格指数下降趋势逐渐减缓，意味着资本体现式技术进步趋缓。

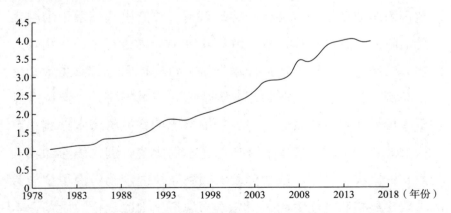

图 4.1　1980～2016 年我国建筑资本与设备资本定基相对价格比

根据方程组 (4.8) 并结合我国实际数据，利用非线性似不相关回归模型对研究参数进行估计，结果见表 4.1。

表 4.1　我国 1980～2016 年非线性似不相关回归模型的参数估计结果

参数	估计值	标准差	P 值
$\bar{q}$	0.6176 ***	0.0493	0.0000
A	105.5049 ***	5.5875	0.0000
α	0.1674 ***	0.0023	0.0000
σ	0.0804 ***	0.0089	0.0000
ω	0.0093 ***	0.0006	0.0000
β	1.4660 ***	0.0439	0.0000
ρ	0.6435 ***	0.0041	0.0000

注：*** 、** 、* 分别表示在 1%、5% 和 10% 水平上显著。

　　表 4.1 显示，模型各个参数均在 1% 水平上显著。我国 1980 ～2016 年，$\bar{q}$ 估计值为 0.6176，由 σ 值可以计算出技能劳动或设备资本与非技能劳动之间的替代弹性为 1.0874，表明我国技能劳动或设备资本与非技能劳动之间为相互替代关系，替代弹性接近 1，说明我国 1980～2016 年技能劳动或设备资本和非技能劳动之间总体上表现为弱替代性特征。而设备资本与技能劳动之间的替代弹性为 2.805，表明设备资本和技能劳动之间表现出强替代性，意味着随着机器设备技术含量的提升，设备资本生产率不断提高，对产出增长具有明显的推动作用，导致对技能劳动的需求随着先进设备的投入使用而减小。这也导致设备投资的不断攀升，从估计结果看，技能劳动投入份额 β 尽管显著，但是估计值大于 1，不符合经济含义。ω 估计值为设备资本投入份额，估计结果不足 1%，说明我国当前非技能劳动投入即普通劳动力的工资总额还是占到生产投入的主要部分。建筑资本产出份额 α 估计值为 0.1674，比较合理。

根据 $\bar{q}$ 估计值，可以计算出我国 1980～2016 年的资本质量指数。具体值见表 4.2。

表 4.2　1980～2016 年我国资本质量指数估计值

年份	资本质量指数	年份	资本质量指数
1980	0.6493	1999	1.3150
1981	0.6690	2000	1.3825
1982	0.6886	2001	1.4452
1983	0.7121	2002	1.5048
1984	0.7185	2003	1.6165
1985	0.7416	2004	1.7596
1986	0.8203	2005	1.8021
1987	0.8257	2006	1.8128
1988	0.8375	2007	1.9015
1989	0.8541	2008	2.1340
1990	0.8882	2009	2.1056
1991	0.9478	2010	2.2021
1992	1.0385	2011	2.3785
1993	1.1391	2012	2.4435
1994	1.1485	2013	2.4756
1995	1.1312	2014	2.4979
1996	1.1702	2015	2.4476
1997	1.2274	2016	2.4600
1998	1.2717	—	—

从表 4.2 中看出，我国 1980～2016 年资本质量指数呈上升态势。1992 年之前，资本质量指数小于 1，设备资本中的技术含量较低。从 1992 年后，我国资本质量指数大于 1，设备资本中技术

进步含量开始提升，从 2008 年开始，资本质量指数超过 2，设备资本中蕴含的技术进一步提升，但是从 2015 年开始略有下降。为了便于观察资本质量指数变动趋势和特征，将资本质量指数用折线图表示，见图 4.2。

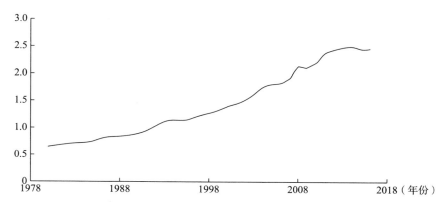

图 4.2　1980~2016 年我国资本质量指数变动情况

图 4.2 为我国 1980~2016 年资本质量指数折线图，从中可以看出我国资本质量指数变化趋势大致可以分成三个阶段：第一个阶段为 1980~1994 年，这个阶段资本质量指数呈波动式增长，增长速度相对平缓；第二阶段为 1995~2015 年，这个阶段资本质量指数增长迅速，表明设备资本中的物化型技术进步较快，这一阶段也是经济快速发展、经济实力大幅提升时期；第三阶段为 2015 年以后，尽管该阶段区间较短，但出现明显区别于前两个阶段的特征，资本质量指数呈现下降势头。

图 4.3 为 1980~2016 年我国设备工器具购置情况，显示设备工器具购置额占国内生产总值比重呈螺旋上升趋势。从图 4.3 中可看出我国设备投资大概分为三个阶段：第一个阶段为 1980~1997 年，设备投资占国内生产总值比重出现波动，升降交替出

现，整体增长趋势比较平缓；1998～2009 年为第二阶段，设备投资快速上升，增长率明显高于前一阶段，意味着该阶段设备资本高投入与质量快速提高并存；2010 年设备投资占国内生产总值比重下降，至 2016 年继续开始波动，这一时期我国设备资本价格相对于建筑资本价格下降趋势也开始放缓。设备资本价格与投入数量呈反向变动，表明在物化型技术进步影响下的资本质量与设备投资紧密相关。

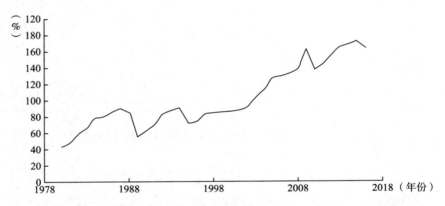

图 4.3   1980～2016 年我国设备工器具购置额占国内生产总值比重

（二）稳健性检验

为了检验用非线性似不相关回归模型对我国设备资本质量指数进行估计的稳健性，把劳动投入变量中的技能劳动数量和非技能劳动数量用对应的工资来替代，检验是否能够得到相似的结论。分析采用中国 1980～2016 年技能工人和非技能工人的总工资在剔除价格影响后替代对应的劳动人数，代入方程组（4.8）中，采用同样的非线性似不相关回归模型得到结果如表 4.3 所示。

表 4.3　模型稳健性检验－工资代替劳动者数量

参数	估计值	标准差	P 值
$\bar{q}$	0.7077 ***	0.0572	0.0000
A	104.1131 ***	5.4085	0.0000
α	0.1678 ***	0.0022	0.0000
σ	0.0781 ***	0.0045	0.0000
ω	0.0095 ***	0.0006	0.0000
β	1.3352 ***	0.0121	0.0000
ρ	0.6433 ***	0.0042	0.0000

注：***、**、* 分别表示在 1%、5% 和 10% 水平上显著。

　　用劳动工资替换劳动人数作为劳动投入后，我们得到了表 4.3 中的结果。从结果上看，$\bar{q}$ 的值为 0.7077，比原来的结果略大，但是结果基本是稳定的。从其他参数的估计结果看，建筑资本的产出份额 α 估计值为 0.1678，设备资本或技能劳动与非技能劳动之间的替代弹性为 2.80，表明我国的设备资本和技能劳动与非技能劳动之间的替代弹性较强，而设备资本与技能劳动之间的替代弹性为 1.085，表现出较弱的替代关系。在这个估计结果中，索洛中性技术进步 A 值为 104.1131，数值低于用大学生数量作为劳动投入的估计结果。我们关心的变量 $\bar{q}$ 值为 0.7077，通过公式（4.9）同样可以计算出我国 1980～2016 年的物化型技术进步指数，把用两种方法得到的物化型技术进步大小加以比较，结果见表 4.4。

　　其中 $q_{t,1}$ 为以劳动人数作为劳动投入的物化型技术进步估计结果，$q_{t,2}$ 为以劳动者工资为劳动投入的物化型技术进步估计结果。

　　由于我们假设 $\bar{q}$ 是固定不变的，所以用劳动者的工资替代劳动人数后得到的设备资本的指数变化趋势是不变的。$\bar{q}$ 具有同样的变化趋势，只是数值略大。用不同的变量来衡量劳动投入，得到的我国物化型技术进步的值较为稳定，表明用非线性似不相关回归模型来估计我国的物化型技术进步的结果是稳定的。

表 4.4　不同劳动投入指标资本质量指数估计值

年份	$q_{t,1}$	$q_{t,2}$	年份	$q_{t,1}$	$q_{t,2}$
1980	0.6493	0.7440	1999	1.3150	1.5068
1981	0.6690	0.7666	2000	1.3825	1.5842
1982	0.6886	0.7890	2001	1.4452	1.6560
1983	0.7121	0.8160	2002	1.5048	1.7243
1984	0.7185	0.8233	2003	1.6165	1.8523
1985	0.7416	0.8498	2004	1.7596	2.0163
1986	0.8203	0.9399	2005	1.8021	2.0650
1987	0.8257	0.9462	2006	1.8128	2.0773
1988	0.8375	0.9597	2007	1.9015	2.1789
1989	0.8541	0.9787	2008	2.1340	2.4453
1990	0.8882	1.0178	2009	2.1056	2.4127
1991	0.9478	1.0861	2010	2.2021	2.5234
1992	1.0385	1.1900	2011	2.3785	2.7255
1993	1.1391	1.3053	2012	2.4435	2.8000
1994	1.1485	1.3161	2013	2.4756	2.8367
1995	1.1312	1.2962	2014	2.4979	2.8623
1996	1.1702	1.3409	2015	2.4476	2.8047
1997	1.2274	1.4065	2016	2.4600	2.8189
1998	1.2717	1.4573	—	—	—

　　比较两种方法的结果发现，两种方法的结果都表明我国 1980～2016 年物化型技术进步不断提高，资本质量逐年上升。得

到的数值反映了经济本质相同，设备资本、技能劳动和非技能劳动之间都表现出较强的替代关系，说明企业在市场化条件下，追逐利润使得他们不断地投入更加有效率的生产要素，以达到不断提高产出的目标。两者也存在一些不同之处，参数数值略有差别：第一种情况计算出的物化型技术进步比较低，而中性技术进步比较高，替代弹性较高；在第二种全部以价值衡量的模型中，得到的物化型技术进步较高，而中性技术进步较低，要素之间的替代弹性较低。

第二节　分行业物化型技术进步测度

一　模型选择及行业选择

（一）模型选择

上一节度量我国总体物化型技术进步，利用双层嵌套的 CES 生产函数估计出我国资本质量指数，这一节将测度分行业物化型技术进步即资本质量指数。各个行业要素投入比例不同，要素质量也差异明显，因此对不同行业物化型技术进步进行测量可以更好地了解我国各个行业的技术状况及资本投入状况，从物化型技术进步角度了解各行业要素使用效率。

研究总体思路和模型建立与前面相同，由于行业数据统计限制，对前面的总产出方程进行微小修改，其中资本投入同样分为设备资本和建筑资本，而劳动投入不再区分为技能劳动和非技能劳动，把劳动人数作为劳动投入指标，建立如下嵌套的 CES 生产函数：

$$Y_t = AK_{s,t}^{\alpha} \left[\omega K_{e,t}^{\rho} + (1 - \omega) L_t^{\rho} \right]^{\frac{1-\alpha}{\rho}} \tag{4.9}$$

式（4.9）中 A 为中性技术进步，$\frac{1}{1-\rho}$ 为劳动资本和设备资本的替代弹性，α、ω 和 $1 - \omega$ 分别为建筑资本产出份额、设备资本投入份额和劳动的投入份额。其中设备资本同样以质量提高形式积累：

$$K_{e,t} = (1 - \delta_e)^t K_{e,0} + \bar{q} \sum_{n=1}^{t} (1 - \delta_e)^n p_t I_{e,t} \tag{4.10}$$

令：

$$B = \omega K_{e,t}^{\rho} + (1 - \omega) L_{s,t}^{\rho} \tag{4.11}$$

对式（4.9）两边取对数并对各生产要素取偏导建立联立方程组：

$$
\begin{cases}
\ln Y = \ln A + \alpha \ln K_{s,t} + \dfrac{1-\alpha}{\rho} \ln B \\[2mm]
K_{s,t} \dfrac{dY}{dK_{s,t}} = A \cdot \alpha \cdot B^{\frac{1-\alpha}{\rho}} K_{s,t}^{\alpha} \\[2mm]
K_{e,t} \dfrac{dY}{dK_{e,t}} = A \cdot \omega \cdot (1 - \alpha) \cdot K_{s,t}^{\alpha} K_{e,t}^{\rho} B^{\frac{1-\alpha}{\rho}-1} \\[2mm]
L_t \dfrac{dY}{dL_t} A \cdot (1 - \omega) \cdot (1 - \alpha) \cdot K_{s,t}^{\alpha} L_t^{\rho} B^{\frac{1-\alpha}{\rho}-1}
\end{cases}
\tag{4.12}
$$

本节中对行业资本质量指数进行估计将基于方程组（4.12），将式（4.5）代入方程组（4.12）中，采用非线性似不相关回归模型估计 $\bar{q}$ 值及方程组中各参数值。

（二）行业选择

我国行业分类共经历过 1984 年、1994 年、2002 年、2011 年和 2017 年五次调整和修改。行业大类以下的部门修改比较频繁，为了保证行业分类修改前后行业稳定性、数据可比性和可得性，本节研究的行业根据 GB/T 4754—2011 和 GB/T 4754—2017 从国民经济行业最大分类级别门类中选择代表性行业门类。根据各个行业生产率及经营特征，兼顾三次产业，最终第一产业中选择 A 农、林、牧、渔业（为表述方便，以下简称为农业牧渔业）；第二产业中选择 C 制造业和 E 建筑业；第三产业为劳动密集型服务业，在选择行业时要考虑到技术状况兼顾资产状况，综合考虑后选择 J 金融业。

（三）　数据说明及各行业数据的描述分析

鉴于行业分类和数据可得性，行业分析的样本区间选择2004 ~ 2017 年，各行业产出用增加值表示，建筑投资和设备投资分别用各行业建筑安装工程投资和设备工器具购置投资表示，劳动投入为各行业就业人数。各行业劳动报酬用行业工资总额替代，其余数据处理方法与本章第一节相同，所有数据均来自国家统计网站。

农林牧渔业、建筑业、制造业和金融业分布在我国三个不同的产业中，生产活动性质和生产方式彼此存在差异性，导致这四个行业生产和服务技术水平差异显著。

图 4.4 为 2004 ~ 2017 年农林牧渔业、制造业、金融业和建筑业增加值。其中制造业增加值最高，且呈逐年上升趋势，与其他行业之间差距也越来越大。其他三个行业增加值较为接近，2013 年前变化趋势近似，农林牧渔业、建筑业、金融业增加值依次递减。但在 2013 年后金融业增加值超越建筑业，并保持良好的增长趋势。制造业包括 31 个行业大类，建筑业和金融业都只包括 4 个行业大类，农林牧渔业包括 5 个行业大类，制造业包括的经济部

门数量多于其他行业，因此增加值较高。从图4.4看，制造业和金融业增加值增长率较高，增长趋势明显。物化型技术进步与设备投资相关，由于需要根据资本质量指数调整设备资本质量，从而准确地估计设备资本投入数量和存量，不能直接比较各个行业的设备资本投入状况，故采用工资总额占行业增加值比重间接反映资本投资份额状况。工资总额占增加值比重越高，说明产出更多用于支付劳动报酬，资本报酬相对较少。图4.5为2004~2017年各行业工资总额占增加值比重。图中农林牧渔业工资总额占增加值比重最少，这主要是因为农林牧渔业的劳动报酬并不单一以货币工资形式体现，因此不能单纯理解成农业资本份额较高，与其他三个行业资本份额不具有可比性。建筑业和制造业行业工资总额占比的发展趋势相似，建筑业和制造业均归属第二产业，具有相似的发展规律。从图4.5发现，在2016年前，建筑业和制造业工资总额占比总体逐年上升，建筑业工资总额占比及增长速度均高于制造业，且二者差距基本上呈扩大趋势。但是2016年以后建筑业工资总额占增加值比重开始出现快速下降趋势，同期制造业工资总额占比也出现下降趋势，但是下降幅度和速度小于建筑业。资本份额少一部分原因是资本投入少；另一部分原因是资本物化型技术进步率和生产效率较低。金融业工资总额占增加值比重的变化趋势与建筑业和制造业的变化趋势显著不同，在2008年之前金融业工资总额占比高于建筑业和制造业，但是2012年之后，金融业工资总额占增加值比重呈下降趋势，到2017年左右，金融业工资总额占增加值比重已经比建筑业低约68%，比制造业低约45%，从一定程度上反映金融业资本份额和资本投入要远远大于建筑业和制造业。

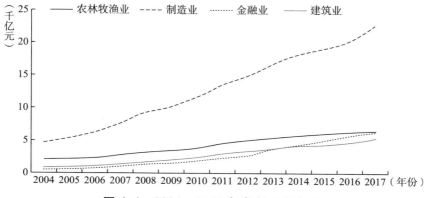

图 4.4　2004～2017 年各行业增加值

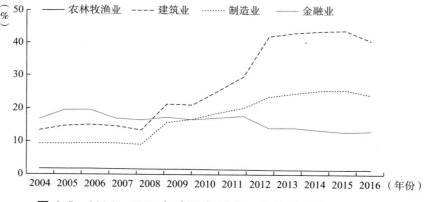

图 4.5　2004～2017 年我国各行业工资总额占增加值比重

制造业、金融业和建筑业增加值差异明显，且其中工资总额占比在行业间逐渐形成分化。尽管增加值及工资总额占比在一定程度上反映行业投资和技术发展态势，但各个大类、中类、小类行业技术水平和技术状况存在差异，技术进步方式复杂且技术进步率难以判断。究竟各个行业的物化型技术进步值如何，需要对各行业的资本质量指数进行测算，分析各行业物化型技术进步特征。

二 农林牧渔业物化型技术进步估计

利用 2004～2017 年农林牧渔业数据，对方程组（4.12）用非线性似不相关回归模型进行估计，各参数值估计结果见表 4.5。

表 4.5 2004～2007 年我国农林牧渔业参数估计结果

参数	估计值	标准差	P 值
$\bar{q}$	0.6400 ***	0.2413	0.008
A	21.1528 ***	3.5103	0.000
α	0.4828 ***	0.0292	0.000
ω	0.9526 ***	0.0083	0.000
ρ	0.3315 ***	0.0209	0.000

注：***、**、*分别表示在 1%、5% 和 10% 水平上显著。

从表 4.5 中数据结果看，农林牧渔业 $\bar{q}$ 值为 0.64，在 1% 的水平上显著。其他参数估计值均符合经济含义。其中建筑资本产出份额 α 估计值为 0.4828，在设备资本与劳动生产组合中，设备资本投入份额 ω 估计值为 0.9526，占比较高。设备资本投入与劳动投入之间的替代弹性为 1.50，二者为相互替代关系。这表明在农林牧渔业中生产设备投资和劳动投入可以替代，增加设备投资可以减少更多的劳动力投入，这也为我国农业通过机械化实现农村劳动力转移提供了经验证据支持。但是我国农林牧渔业的 $\bar{q}$ 值较小，表明农林牧渔业物化型技术进步率与资本质量均较低。A 的估计值为 21.1528，表明我国农林牧渔业的增长主要来源于中性技术进步。

根据式（4.3）计算出农林牧渔业资本质量指数，见表 4.6。

表 4.6 中农林牧渔业资本质量指数呈现逐年上升趋势，除

2017 年外，其他年份数据均小于 1，说明我国在 2004～2017 年，设备资本质量较低。农林牧渔业增加值增长来源中物化型技术进步贡献较小。尽管我国农业在局部及部分地区逐步实现机械化和现代化，但是针对农业机械的开发研究还处在非大规模推广的状态。我国大部分地区农林牧渔业总体还处于传统耕种的生产方式阶段，没有实现农业机械化推动农业增长的局面。尽管表 4.5 显示，相对劳动力投入，设备资本投入份额约占 95%，但从设备投资结果看，并没有从设备投资中获得更高的技术进步和更有效的生产率。

表 4.6　2004～2017 年我国农林牧渔业资本质量指数

年份	q_t	年份	q_t
2004	0.6967	2011	0.9433
2005	0.7135	2012	0.9690
2006	0.7177	2013	0.9818
2007	0.7535	2014	0.9911
2008	0.8463	2015	0.9712
2009	0.8350	2016	0.9765
2010	0.8733	2017	1.0480

图 4.6 中，2004～2017 年我国农林牧渔业设备投资逐年增加，2017 年投资额与 2004 年比，增长了 37 倍。图 4.7 中，农林牧渔业设备投资占增加值的比重也呈每年迅速提高趋势，2017 年与 2004 年比，增长近 11 倍，增长幅度小于设备投资额。在设备投资和设备投资占增加值比重都大幅增长的前提下，农林牧渔业的资本质量指数没有显著提高，设备平均生产率提高不显著。其

中主要原因是我国农业基础薄弱，总体劳动生产率较低。在"三农"政策的鼓励下，农业在逐步全面转型。经过多年发展，我国农业剩余劳动力转移趋势良好，农民收入提高明显。但是我国当前农业产值增长的主要动力来自中性技术进步，来源于投资，劳动效率提高，优惠发展政策，农民经营的积极性提高等。但是在从传统农业向现代农业体系转变过程中，农业机械化实施和推进并没有在全国大范围内实现。我国农村土地经营权比较分散，阻

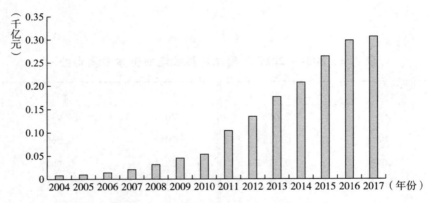

图 4.6　2004~2017 年我国农林牧渔业设备投资情况

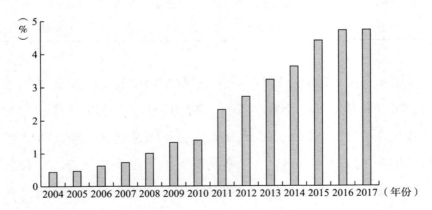

图 4.7　2004~2017 年我国农林牧渔业设备投资占增加值比重

碍大规模机械化实施，从而影响农业设备投资效率及物化型技术进步，成为我国向农业现代化迈进的一个阻碍。

三 建筑业物化型技术进步估计

利用 2004～2017 年建筑业数据，对方程组（4.12）进行非线性似不相关回归模型估计，各参数值估计结果见表 4.7。

表 4.7 2004～2017 年我国建筑业各参数估计结果

参数	估计值	标准差	P 值
$\bar{q}$	3.3483 ***	0.4211	0.000
A	2.0399 ***	0.0889	0.000
α	0.5155 ***	0.0712	0.000
ω	0.4131 ***	0.0359	0.000
ρ	0.9974 ***	0.0328	0.000

注：*** 、** 、* 分别表示在 1%、5% 和 10% 水平上显著。

建筑业 $\bar{q}$ 估计值为 3.3483，在 1% 水平上显著。建筑业建筑资本产出份额 α 估计值为 0.5155，高于农林牧渔业。建筑业设备资本投入份额 ω 估计值为 0.4131，说明建筑业生产方式仍为劳动密集型。建筑业 ρ 估计值高达 0.9974，计算得出设备资本投入对劳动投入的替代弹性为 385，说明建筑业设备对劳动力具有高度的替代性，也反映了我国建筑业向资本密集型生产转型的潜在可能。先进的设备投资将对建筑业传统的生产经营方式产生冲击，物化型技术进步也为建筑业生产方式提供了多元选择。

根据 $\bar{q}$ 估计值，基于式（4.3）可以计算出建筑业资本质量指数。

表 4.8 2004～2017 年我国建筑业资本质量指数

年份	q_t	年份	q_t
2004	3.6447	2011	4.9348
2005	3.7327	2012	5.0696
2006	3.7550	2013	5.1366
2007	3.9421	2014	5.1851
2008	4.4274	2015	5.0812
2009	4.3684	2016	5.1090
2010	4.5688	2017	5.4827

表 4.8 为 2004～2017 年我国建筑业资本质量指数，从结果看，建筑业设备资本质量逐年提高，只在 2015 年和 2016 年有回落。建筑业是资本和劳动密集型行业，生产过程中资本投入和劳动投入对行业增加值具有重要促进作用。从行业内部看，既有大型上市公司，也有私有经营规模小的工程队，技术进步状况也差距巨大。但是从建筑业资本质量指数值可得出，建筑业的设备资产相对于建筑资本生产效率更好，建筑业通过投资蕴含物化型技术进步的先进设备，有效提高设备资本质量，增加产出。建筑业与农林牧渔业相比，物化型技术进步更加显著，物化型技术进步更高。建筑业设备资本与劳动力替代弹性远高于农林牧渔业，表明建筑业中购置先进设备能够节省更多劳动力。建筑业生产经营特征决定建筑业建筑资本投入还是占生产经营投入的主要部分，设备投资影响建筑业物化型技术进步值，从而影响建筑业的增加值增长。

图 4.8 中，建筑业设备投资在 2004～2017 年变化趋势分为两个阶段。2004～2015 年，建筑业设备投资逐年增加，且保持很高

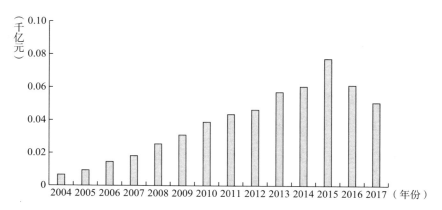

图 4.8　2004~2017 年我国建筑业设备投资情况

增长率，年均增长率达到 22.84%。这主要是受到我国在此区间房地产业及基础设施建设快速发展的影响。2016~2017 年，建筑业设备投资快速减少，下降速度明显。设备投资下降，必然影响物化型技术进步的获得，降低物化型技术进步对建筑业增加值的促进作用。2004~2017 年，建筑业增加值增长率为 13%，低于设备投资增长率。结合对建筑业增加值和设备投资的研究，图 4.9 中，建筑业设备投资占增加值比重波动明显。2004~

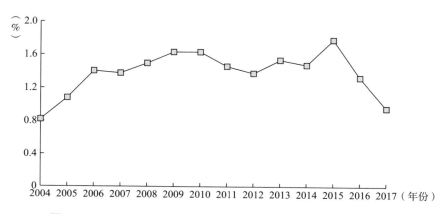

图 4.9　2004~2017 年我国建筑业设备投资占增加值比重

2010 年，建筑业设备投资占增加值比重呈现总体提高趋势。
2010~2015 年，这个比重出现"W"形波动，2015 年后变动趋
势和设备投资一样呈断崖式下降。建筑业的物化型技术进步主
要来源于 2015 年前大规模的设备投资，提高了设备资本质量，
而 2015 年后设备投资及设备投资占增加值比重的大幅下降，影
响建筑业资本质量提高，这也与其他行业和国家设备投资占增
加值比重不断提高现象相悖。

四　制造业物化型技术进步估计

利用 2004~2017 年制造业数据，对方程组（4.12）用非线
性似不相关回归模型进行估计，各参数值估计结果见表 4.9。

表 4.9　2004~2017 年我国制造业参数估计结果

参数	估计值	标准差	P 值
$\bar{q}$	5.4398 ***	1.0305	0.0000
A	0.8035 ***	0.0503	0.0000
α	0.6094 ***	0.0069	0.0000
ω	0.5819 ***	0.0251	0.0000
ρ	0.3884 ***	0.0038	0.0000

注：***、**、* 分别表示在 1%、5% 和 10% 水平上显著。

制造业 $\bar{q}$ 估计值为 5.4398，在 1% 水平上显著。制造业建筑
资本产出份额 α 估计值为 0.6094，高于农林牧渔业及建筑业。相
对于劳动投入份额，制造业设备资本投入份额 ω 估计值为
0.5819，该值显示制造业劳动报酬低于设备投入份额。制造业 ρ
的估计值为 0.3884，计算得出制造业设备资本投入和劳动投入的

替代弹性为 1.635，表明设备资本投入和劳动投入之间为相互替代关系，但是替代弹性不高。

建筑业和制造业同属于第二产业，但是从参数估计结果看，二者存在显著的差异，建筑业的中性技术进步高于制造业，这是由于制造业设备资本投入份额较高。导致其物化型技术进步也高于建筑业。制造业建筑资本投入份额较高。这些估计值验证了制造业是一个资本密集型的行业，增加值提高主要来源于物化型技术进步。

根据 $\bar{q}$ 估计值和式（4.3）可以计算出制造业资本质量指数。

表 4.10　2004～2017 年我国制造业资本质量指数

年份	q_t	年份	q_t
2004	5.9215	2011	8.0175
2005	6.0645	2012	8.2364
2006	6.1006	2013	8.3454
2007	6.4046	2014	8.4241
2008	7.1931	2015	8.2553
2009	7.0973	2016	8.3004
2010	7.4228	2017	8.9076

表 4.10 为 2004～2017 年制造业资本质量指数，数据显示，制造业资本质量指数高于农业和建筑业，且资本质量指数逐年增加，年均增长率为 3%。根据制造业资本质量指数，可以相应调整制造业设备资本存量。制造业资本质量指数 2009 年相对于 2008 年略有下降，反映了当时金融危机对制造业产生的影响。制造业包括的行业大类较多，不同行业之间存在显著差别。它既包括生产高端设备的汽车制造业，铁路、船舶、航空航天和其他运

输设备制造业，计算机、通信和其他电子设备制造业，也包括农
副食品加工业，木材加工业，木、竹、藤、棕、草制品业，但制
造业综合资本质量指数处在较高水平。由于制造业里各种设备尤
其是高端设备制造业是其他行业物化型技术进步的来源，因此制
造业的发展对经济增长至关重要，提高制造业资本质量，是促进
经济增长的重要保障。

  图4.10和图4.11为2004～2007年制造业设备投资和制造业
设备投资占增加值比重的变化趋势，结合制造业的资本质量指数
可知，制造业资本质量较高的主要原因是从2004～2017年制造业
设备投资一直在攀升，而设备投资增加是获得物化型技术进步的
重要途径。制造业中既包括生产消费品的行业，也包括生产设备
资本品等耐用商品的行业，各行业获取物化型技术进步的唯一途
径是通过投资和购买融合新技术的新设备，以优化产品质量。设
备投资在制造业生产中不可或缺，相较于其他行业，其更易在设
备资本累积过程中实现物化型技术进步。图4.11显示，2016年和
2017年制造业设备投资占增加值比重出现下降趋势，而设备投资

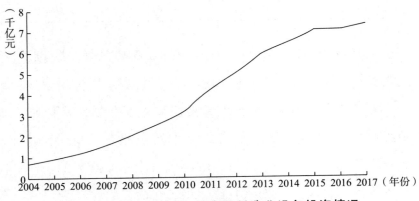

图4.10　2004～2017年我国制造业设备投资情况

在同期并没有下降。一方面，可能是持续的设备投资提高了制造业物化型技术进步率，推动制造业增加值快速增高，导致设备投资占增加值比重降低；另一方面，可能是在投入产出核算中没有调整资本质量造成的。制造业中设备制造业是其他行业物化型技术进步的重要途径，设备制造业的设备投资更是决定全社会物化型技术进步发展的重要保障。

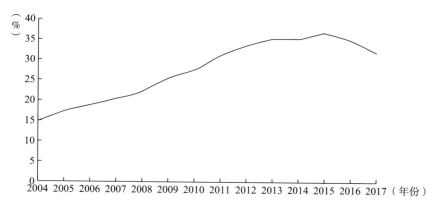

图 4.11　2004～2017 年我国制造业设备投资占增加值比重

五　金融业物化型技术进步估计

根据之前章节的推导和计算，利用 2004～2017 年金融业增加值、建筑投资和设备投资、劳动投入等数据，对金融业资本质量指数进行估计，估计结果见表 4.11。

表 4.11　2004～2017 年我国金融业参数估计结果

参数	估计值	标准差	P 值
$\bar{q}$	15.9187 ***	1.5092	0.0000
A	10.7171 ***	0.4151	0.0000
α	0.7302 ***	0.0116	0.0000

参数	估计值	标准差	P 值
ω	0.7896 ***	0.0219	0.0000
ρ	0.7053 ***	0.0234	0.0000

注：*** 、** 、* 分别表示在 1%、5% 和 10% 水平上显著。

金融业 $\bar{q}$ 估计值为 15.9187，在 1% 的水平上显著。A 估计值为 10.7171，表明金融业中性技术进步值也较高。金融业建筑资本产出份额 α 估计值为 0.7302，设备资本投入份额 ω 估计值达到 0.7896，而相比于设备资本，总体劳动报酬所占份额不足 1/4。金融业设备资本投入和劳动投入替代弹性为 3.39，表现为相互替代关系。

根据金融业建筑资本和设备资本价格比及 $\bar{q}$ 的估计值，可以计算出金融业 2004～2017 年物化型技术进步值，具体见表 4.12。

表 4.12　2004～2017 年我国金融业资本质量指数

年份	q_t	年份	q_t
2004	17.3280	2011	23.4615
2005	17.7464	2012	24.1021
2006	17.8521	2013	24.4210
2007	18.7416	2014	24.6513
2008	21.0491	2015	24.1575
2009	20.7688	2016	24.2894
2010	21.7213	2017	26.0663

表 4.12 显示，金融业资本质量指数明显高于其他行业，说明金融业设备质量较高。金融业通过设备投资获得较高生产率，为产出增长提供有力支撑。根据模型参数估计结果发现，金融业

是一个技术和资本密集型行业。作为第三产业中服务业的代表，金融业的生产服务主要依赖于设备和资本投入，包括对一些先进设备的使用。而且随着互联网技术的发展，计算机设备和服务方式的不断更新，金融业生产服务效率不断提高。金融业发展不仅有中性技术进步的支撑，物化型技术进步更是成为金融业增加值增高的重要保证。蕴含物化型技术进步的先进机器设备不但提高了金融行业的服务水平和便捷程度，同时不断替代人力服务，导致金融业的劳动投入不断减少。物化型技术进步推动经济产出增长和提高生产率是以使用特定设备投资为前提，金融业对机器设备大规模投资和使用决定了其较高的物化型技术进步率。资本设备投资扩张和质量提升推动金融业经济增长和效率提高的事实，是对物化型技术进步的经济增长效应理论的一个验证。

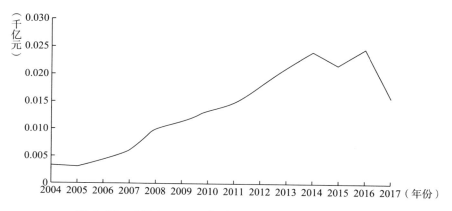

图 4.12　2004～2017 年我国金融业设备投资情况

图 4.12 为 2004～2017 年金融业设备投资情况，可发现，金融业设备投资在 2014 年前呈快速扩张态势，为金融业发展物化型技术和提高增加值奠定技术基础，在此期间，由于技术创新，我国金融业服务内容和服务方式（如支付手段）呈多样化发展，现在已成

为世界互联网金融技术领先的国家，这与我国计算机、移动通信业快速发展密切相关。2015~2017 年，金融业设备投资出现波动式下滑，这主要是受到外部经济环境影响，近两年经济不景气直接影响了金融业的设备投资。图 4.13 显示 2004~2017 年金融业设备投资占增加值比重呈现波动趋势，2014 年前一直保持在 0.6% 的水平稳定波动且具有缓慢上升趋势，在 2015 年后开始下降，其主要原因是 2004~2017 年金融业增加值增长快速。根据国家统计局数据计算，在此期间金融业名义增加值平均增速约为 19.22%，远高于同期总体经济增速。金融业快速发展最重要的增长动力来源是设备投资和物化型技术进步，设备资本对劳动的替代导致劳动投入的下降，最终提高了整个行业的资本和劳动生产率。

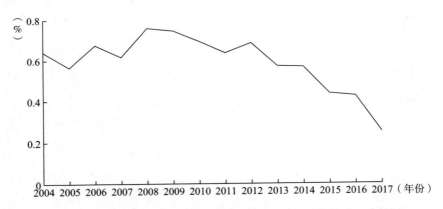

图 4.13　2004~2017 年我国金融业设备投资占增加值比重

当前我国基础服务设施完善，尤其是计算机、通信、网络技术的快速发展，为金融业提升服务效率和增加服务内容创造了有利条件。低成本设备投资对劳动的替代，降低了金融业建筑资本和人工服务成本投入。如手机金融 App 的出现可以实现自动金融服务功能，减少对营业网点的建设和劳动投入，节约服务成本，同时使金融服务业及服务对象受益于设备投资带来的技术进步。

第三节 分地区物化型技术进步测度

我国各个省份经济发展差别明显，经济基础、经济环境和发展方式的差异导致各地区物化型技术进步也存在差异，为了详细对比和分析不同地区物化型技术进步值，估计不同地区资本质量指数，本节将对我国各省份物化型技术进步进行测度和分析。

一 模型选择及数据说明

本节将对全国各省、自治区和直辖市物化型技术进步进行估计，由于西藏数据缺失较多，把西藏从样本中剔除，剩余 30 个地区。重庆直辖市成立于 1997 年，所以选择数据样本区间为1997 ~ 2016 年。测算方法继续采用分行业估计物化型技术进步值时采用的嵌套的 CES 生产函数，各指标值用各地区数据替代。生产函数形式为：

$$Y_t = AK_{s,t}^{\alpha} \left[\omega K_{e,t}^{\rho} + (1 - \omega) L_t^{\rho} \right]^{\frac{1-\alpha}{\rho}} \quad (4.9)$$

式 (4.9) 中 A 为中性技术进步，$\dfrac{1}{1-\rho}$ 为劳动资本和设备资本的替代弹性，α、ω 和 $1 - \omega$ 分别为建筑资本产出份额、设备资本投入份额和劳动的投入份额。其中设备资本同样以质量提高形式积累：

$$K_{e,t} = (1 - \delta_e)^t K_{e,0} + \bar{q} \sum_{n=1}^{t} (1 - \delta_e)^n p_t I_{e,t} \quad (4.10)$$

其中总产出用各地区收入法核算的生产总值表示，建筑投资和设备投资分别采用各地区建筑安装工程投资和设备工器具购置额表示，劳动投入用各地就业人数表示，并使用非线性似不相关回归模型对各省份资本质量指数进行估计。

二　各地区物化型技术进步估计

我国各地区经济发展不平衡，差距较大。物化型技术进步在不同地区也会表现出不同特征和数值，本节将对我国 30 个省份的物化型技术进步进行估计，并加以分析。

（一）$\bar{q}$ 值显著地区估计结果及分析

对我国 30 个省份资本质量指数进行估计时，只有部分地区的 $\bar{q}$ 值显著。表 4.13 列出所有 $\bar{q}$ 估计值显著的地区。

全国共有 10 个省份 $\bar{q}$ 估计值在 10% 显著性水平上显著，这 10 个省份的其他参数估计值并不明显区别于 $\bar{q}$ 估计值不显著省份参数估计值。$\bar{q}$ 值最高为福建，估计值为 4.9626，最小为江西省，估计值为 0.3791。其他省份 $\bar{q}$ 估计值在 10% 显著性水平上不显著。从 $\bar{q}$ 估计值显著的地区分布看，东部地区占 5 个，中部地区占 2 个，西部地区占 3 个。表 4.13 中 ω 估计值显示，除上海、宁夏外，相对于劳动投入，所有地区设备资本投入份额都接近或高于 0.5，最高设备资本投入份额四川达到 0.7698。而且由前文分析可知，设备资本投入份额越高越倾向于发展物化型技术。

表 4.13　$\bar{q}$ 估计值显著地区模型参数估计结果

省份	$\bar{q}$	A	α	ω	ρ
福建	4.9626 **	1.3179 ***	0.5601 ***	0.5042 ***	0.3884 ***
	(2.22)	(8.32)	(73.46)	(13.97)	(61.71)

续表

省份	$\overline{q}$	A	α	ω	ρ
江苏	2.4467 * (1.67)	1.8406 *** (10.66)	0.7441 *** (113.88)	0.5417 *** (15.54)	0.2899 *** (43.01)
北京	1.9075 ** (2.19)	0.0917 *** (8.27)	0.9482 *** (252.82)	0.4919 *** (11.35)	0.4443 *** (41.79)
山东	1.8801 ** (2.29)	1.6852 *** (12.49)	0.7600 *** (163.19)	0.5872 *** (23.13)	0.2810 *** (53.24)
上海	1.2926 *** (4.00)	0.0638 *** (6.33)	0.9584 *** (219.44)	0.2247 *** (14.23)	0.5382 *** (33.93)
宁夏	0.8005 * (1.69)	2.4223 *** (8.90)	0.6978 *** (89.13)	0.3278 *** (9.33)	0.3197 *** (39.12)
重庆	0.7127 * * (2.39)	1.7409 *** (12.01)	0.7828 *** (167.46)	0.4894 *** (16.17)	0.3148 *** (44.69)
四川	0.511 *** (4.70)	6.3552 *** (6.28)	− 0.0504 *** (− 6.13)	0.7698 *** (48.09)	0.5749 *** (61.63)
河南	0.4836 ** (2.07)	62.7371 *** (9.24)	0.4813 *** (73.65)	0.6992 ** (33.50)	0.2136 *** (24.98)
江西	0.3791 ** (2.14)	2.8495 *** (10.19)	0.6852 *** (109.99)	0.6704 *** (24.06)	0.3173 *** (39.04)

注：*** 、** 、* 分别表示在 1% 、5% 和 10% 水平上显著。

图 4.14 为 1997 ~ 2016 年 A 值的地区分布，反映各地区中性技术进步差异性。除四川和河南外，其余地区估计值在 2 左右，北京、上海估计值较低。北京和上海中性技术进步值之所以较低，是因为两地生产率提高主要来源于物化型技术进步。而福建、江苏、山东、宁夏、重庆、江西中性技术进步和物化型技术进步同时成为推动生产率提高的动力。尽管四川和河南物化型技

术进步作用显著，但是中性技术进步对生产率提高作用更加明显。从设备资本投入对劳动投入替代弹性看（见图4.15），10个省份设备投资和劳动投入之间均表现为替代关系，意味着增加设备投资将减少劳动力投入。设备资本投入与劳动投入替代弹性为1.4~2.5，表明设备资本投入对劳动投入的替代作用较弱。对比发现，福建、北京、上海、四川设备投资对劳动投入替代性相对较高，江苏、山东、河南三省设备资本投入对劳动投入替代性相对较低。如果某个地区或行业出现设备资本投入和劳动投入的强替代性，物化型技术进步的发展将导致劳动力在地区间和行业间的转移。设备投资增加和物化型技术进步都将导致劳动需求减少，推动劳动力在地区间、行业间、企业间转移。劳动力主要由设备资本投入和劳动投入替代关系强的地区向替代关系弱的地区流动，由物化型技术进步显著地区向物化型技术进步不显著地区流动，从而使地区间、行业间、企业间经济结构和资本劳动禀赋发生变化，这有利于地区产业结构和要素配置优化。

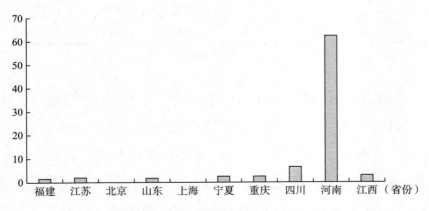

图4.14　1997~2016年各地区中性技术进步值

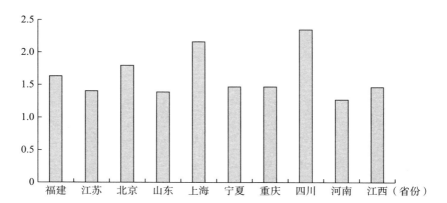

图 4.15　1997～2016 年我国设备资本投入与劳动投入替代弹性

$\bar{q}$ 估计值显著的地区另一显著特征是东部、西部、中部地区 $\bar{q}$ 值依次递减。东部地区 $\bar{q}$ 值显著的省份最多，$\bar{q}$ 值也明显高于中西部地区，西部省份少于东部省份，$\bar{q}$ 估计值也低于东部省份，中部省份 $\bar{q}$ 值显著省份最少，$\bar{q}$ 值也最低。通常我国经济水平表现为东部地区高于中部地区，中部地区高于西部地区，但是按照 $\bar{q}$ 值大小排序，西部地区高于中部地区，与经济差异普遍现象不同。归为东部地区的五个省份也并不都是经济总量最大的，这说明物化型技术进步是区别于其他形式的技术进步，无论该地区经济实力和经济环境如何，通过对特定机器设备和工器具投资，改进设备质量，合理进行生产和服务，就能够提高设备资本的生产服务效率，从而提高产出数量和产品质量。

所有 $\bar{q}$ 估计值显著的地区中，福建估计值最高，为 4.9626，中性技术进步为 1.3179，建筑资本产出份额为 0.5601，设备资本投入份额为 0.5042，设备资本投入与劳动投入之间替代弹性为 1.64。而福建经济总量在全国一直处在第 10 位左右，2016 年地区经济总产出约为 2.96 万亿元。图 4.16 中，1997～2016 年福建设备投资快速增长，20 年间，增长近 70 倍。设备投资迅猛发展让福建获得显著的物化型技术进步，成为推动福建经济发展的主要动力之一。

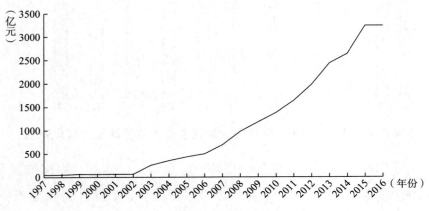

图 4.16　1997～2016 年福建设备工器具投资情况

1997～2016 年，福建经济总量快速增长，地区生产总值增长 9 倍多，平均增长率约为 13%。福建在经济总量快速增长背景下，设备工器具购置费占地区生产总值比重仍呈现快速增长趋势，具体增长趋势见图 4.17。设备投资占地区生产总值比重不断提高，是物化型技术进步快速发展的重要标志。福建作为 $\overline{q}$ 估计值最高的地区，是由本省的产业特点及经济布局决定的。$\overline{q}$ 值越高，说明设备资本质量越高，设备资本效率和生产率也越高。福建 $\overline{q}$ 估计值最高与经济发展状况、产业结构和主导产业发展模式密不可分。福建的第二产业占比最高，其中制造业最为发达，第三产业发展迅速，第一产业增加值仅占 8% 左右。三大主导产业包括电子信息、石油加工和机械装备制造业对设备投资需求高，受益于设备投资扩张，这些产业物化型技术进步明显。福建省内三大主要城市泉州、福州、厦门的主要企业以技术密集型制造业为主，

其中泉州主要支柱企业包括九牧王、闽华电池、浔兴拉链（SBS
品牌）、三力机车；厦门的电子信息产业中冠捷电子、显示器、
福日集成电路以及平板显示产业，计算机与通信设备产业，汽车
制造产业，输配电及控制设备产业都是设备资本密集型产业。福
建虽然经济总量不在全国前列，但是本省产业发展和产业布局以
制造业为主，投资新型设备工具是每个制造业企业生产发展的必
要手段，在对设备投资的过程中，不断促进物化型技术进步的发
展，对福建经济发展具有显著的推动作用。福建经济特点证明物
化型技术进步不完全受经济发展水平影响，对新设备投资才是影
响物化型技术进步的决定性因素。福建通过投资新机器设备或者
工器具，提高生产经营的技术条件和技术含量，必然获得更高的
物化型技术进步。

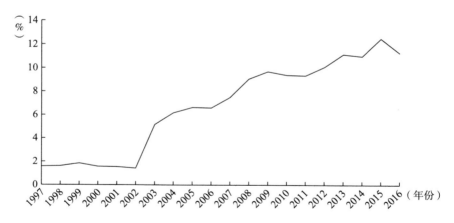

**图 4.17　1997～2016 年福建省设备工器具购置费
占地区生产总值比重**

江苏、北京、山东、上海是我国经济最发达的地区，设备投
资规模大，$\bar{q}$ 估计值高，物化型技术进步值高符合经济发展规律
和经济发展实践。宁夏 $\bar{q}$ 值显著且排在所有中西部 $\bar{q}$ 值显著地区

首位，这需要结合宁夏经济实力和产业布局深入研究。宁夏 $\bar{q}$ 值为 0.8005，中性技术进步值为 2.4223，建筑资本产出份额为 0.6978，设备资本投入份额为 0.3278，设备资本投入与劳动投入之间替代弹性为 1.47。各参数估计值在所有 $\bar{q}$ 值显著地区都处在中低水平。图 4.18 显示 1997～2016 年，宁夏设备工器具投资逐年上升，且增长快速，平均增速为 27%。宁夏生产总值 20 年间也快速提高，相对于地区生产总值的增加，宁夏的设备工器具购置费占地区生产总值比重仍然保持快速增长趋势，具体见图 4.19，设备工器具购置费绝对额及设备工器具购置费占地区生产总值比重的快速上升是保证宁夏 $\bar{q}$ 值显著的重要基础，也是获得物化型技术进步、提高设备资本生产率的重要途径。

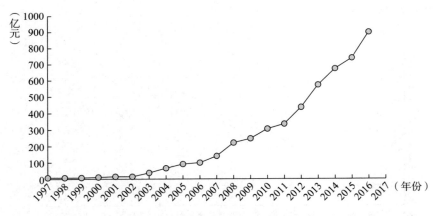

图 4.18　1997～2016 年宁夏设备工器具投资情况

宁夏工业固定资产投资不断提高，计算机、通信设备、仪器仪表等高技术制造业，纺织业设备投资增长迅猛，推动投资结构改善，在物化型技术进步助推下，宁夏资本质量得到明显提升。

四川和重庆作为西部地区最发达的两个地区，$\bar{q}$ 值显著。河南是中国重要的装备制造业中心，资本质量在设备投资扩张过程

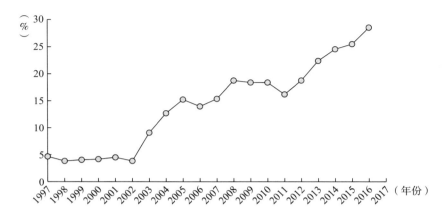

图4.19 1997~2016年宁夏设备工器具购置费占地区生产总值比重

中不断提高。而且河南中性技术进步很高，说明生产要素的配合及其他制度、环境和政策等非生产要素的协调、研发投入等对经济的促进作用显著。江西作为 $\bar{q}$ 值显著但估计值最低的一个省份，设备投资发展情况见图4.20。

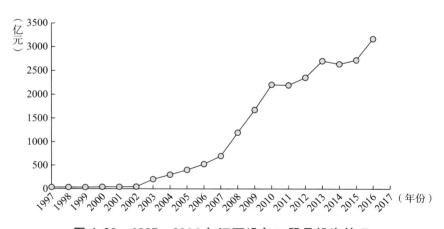

图4.20 1997~2016年江西设备工器具投资情况

江西1997~2016年设备工器具投资也不断攀升，这是保证 $\bar{q}$ 值显著的重要前提，但从设备工器具投资占地区生产总值比重看，江西在 2010 年后出现明显降低，说明江西在 2010 年后经济增长的动力除物化型技术进步之外，还有其他增长来源。江西各市主导产业多以电子信息业、装备制造业和生物医药业为主，力求发展物化型技术进步，不断提高要素生产率，推动经济增长。

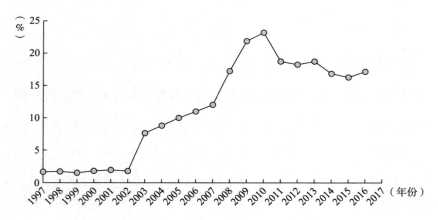

**图 4. 21　1997～2016 年江西设备工器具购置费
占地区生产总值比重**

综上，所有 $\bar{q}$ 值显著的地区，设备投资增长快速，尤其在地区生产总值持续增长的前提下，设备投资占地区生产总值比重快速增长的省份，设备资本价格相对建筑资本价格下降得更快，更倾向于发展更高的物化型技术进步，推动经济发展。

（二）$\bar{q}$ 值不显著地区估计结果及分析

全国 30 个省份，1997～2016 年 $\bar{q}$ 值不显著的地区有 20 个，占全国的绝大多数，尤其是广东和浙江两个经济大省不显著。根据非线性似不相关回归模型估计结果，发现 $\bar{q}$ 值不显著地区的各参数标准差比较小，数值比较集中（见表 4. 14）。

表 4.14 1997~2016 年 $\overline{q}$ 估计值不显著地区模型参数估计结果

省份	$\overline{q}$	A	α	ω	ρ
天津	43.3770	1.2326***	0.7941***	0.2434***	0.2955***
	(1.07)	(16.36)	(178.02)	(5.26)	(57.66)
河北	150.5690	1.8546**	0.7403***	0.241	0.2548***
	(0.23)	(2.54)	(30.38)	(1.34)	(17.97)
辽宁	153.5078	2.4825*	0.7414***	0.2242	0.2470***
	(0.16)	(1.84)	(22.66)	(0.92)	(13.17)
浙江	5.0435	1.2274***	0.8182***	0.3946***	0.2991***
	(0.96)	(8.98)	(126.98)	(6.31)	(31.08)
广东	19.1389	0.3022***	0.8773***	0.3204***	0.3487***
	(0.79)	(5.53)	(105.33)	(3.71)	(42.50)
海南	15.1077	0.2350***	0.6566***	0.2312***	0.4520***
	(1.44)	(8.17)	(78.67)	(4.72)	(66.55)
吉林	0.0629	1.2020***	0.7438***	0.4868***	0.3063***
	(1.18)	(9.82)	(101.73)	(9.32)	(30.82)
黑龙江	13.3727	1.6428***	0.5786***	0.5364***	0.3341***
	(1.25)	(4.58)	(42.53)	(9.92)	(39.88)
山西	4.3002	11.7043***	0.5551***	0.3088**	0.21***
	(3.39)	(3.13)	(0.04)	(0.14)	(0.02)
安徽	3.2723	2.5477***	0.7873***	0.4949**	0.3094***
	(0.29)	(2.90)	(37.82)	(2.11)	(7.56)
湖北	92.1557	1.3801***	0.7915***	0.2417**	0.2678***
	(0.38)	(5.26)	(70.04)	(2.08)	(25.01)
湖南	72.8353	2.1719***	0.7552***	0.2554	0.2596***
	(0.28)	(2.85)	(35.34)	(1.57)	(20.28)
内蒙古	5.9070	1.7220***	0.7551***	0.3589***	0.2878***
	(0.80)	(5.55)	(62.80)	(5.03)	(31.98)

续表

省份	$\bar{q}$	A	α	ω	ρ
贵州	6.0910 (1.07)	1.1376*** (11.58)	0.7765*** (128.76)	0.2721*** (4.92)	0.3337*** (44.20)
云南	4.8545 (1.63)	1.5798*** (12.96)	0.7888*** (167.68)	0.2807*** (8.34)	0.3006*** (57.29)
陕西	23.6785 (0.38)	1.9877*** (2.95)	0.7658*** (37.25)	0.3514*** (2.60)	0.2562*** (19.87)
甘肃	25.1974 (0.32)	4.1540*** (3.39)	0.7070*** (37.16)	0.2950** (2.09)	0.2512*** (15.41)
广西	26.1837 (0.92)	1.6281*** (5.57)	0.6538*** (57.67)	0.3228*** (4.81)	0.3118*** (50.59)
青海	45.5383 (0.28)	0.9600*** (3.24)	0.7749*** (37.15)	0.1805 (1.16)	0.3237*** (19.77)
新疆	17.7264 (0.85)	1.0022*** (11.13)	0.6836*** (111.17)	0.2464*** (3.89)	0.3398*** (41.32)

注：***、**、*分别表示在1%、5%和10%水平上显著。

图 4.22 中显示，在 20 个地区中，广东和海南中性技术进步值较低，山西中性技术进步值最高。其余 17 个省份的中性技术进步参数估计值中，多数省份集中在 1~2.5。物化型技术进步与中性技术进步没有显著的关联，中性技术进步是经济增长的一个重要来源，在经济产出水平发展到较高阶段时，中性技术进步倾向较低值。而在经济发展前期，随着要素投入增加，生产经营组织、要素配置效率等因素合理优化对提升要素生产效率发挥重要作用，故中性技术进步作用明显，然而随着产出增长，要素投入到一定阶段，要素边际收益递减，除投入要素之外的因素趋向最

优，中性技术进步对经济增长的贡献会出现下降趋势。

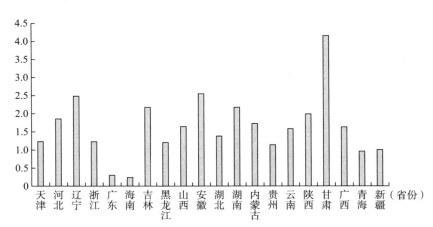

图 4.22　$\bar{q}$ 值不显著地区中性技术进步估计值

从图 4.23 看，所有 $\bar{q}$ 值不显著地区建筑资本的收入份额估计值较高，平均值为 0.75，高于 $\bar{q}$ 值显著的地区，标准差明显低于 $\bar{q}$ 值显著地区。建筑资本收入份额高，反映建筑资本投入份额高。设备资本相对投入不足是造成 $\bar{q}$ 值不显著的原因之一。

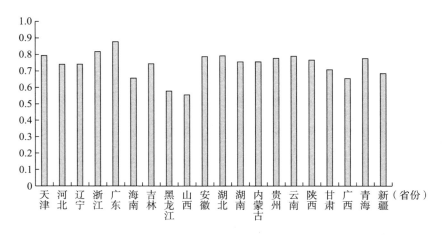

图 4.23　$\bar{q}$ 值不显著地区建筑资本收入份额

图 4.24 显示，$\bar{q}$ 值不显著地区的设备资本相对劳动投入份额普

遍偏低，吉林、黑龙江、安徽三省相对较高，但也只在0.5左右。设备资本投入较低可能有两个原因：一是地区以传统生产部门为主，对新设备投资低；二是本省的经济结构偏向于劳动密集型，劳动报酬相对较高，抑制设备工器具投资和物化型技术进步发展。

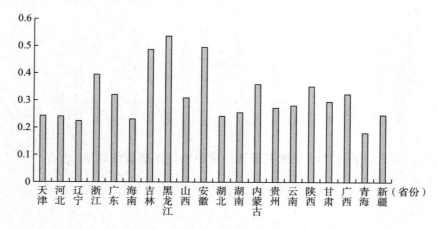

图4.24 $\bar{q}$值不显著地区设备资本相对劳动投入份额

图4.25显示，$\bar{q}$值不显著地区设备资本投入和劳动投入替代弹性集中在1.3~1.5，标准差较小，远低于$\bar{q}$值显著地区设备资

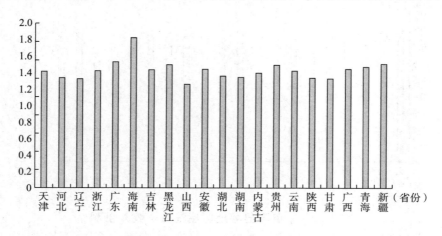

图4.25 $\bar{q}$值不显著省份设备资本投入和劳动投入替代弹性

本投入和劳动投入替代弹性。设备资本投入和劳动投入替代弹性低，一方面反映出在这些地区设备资本投入相对数量低；另一方面验证了上文中提到的物化型技术进步能够导致劳动力转移，从设备资本投入与劳动投入弹性高的地区向弹性低的地区流动。

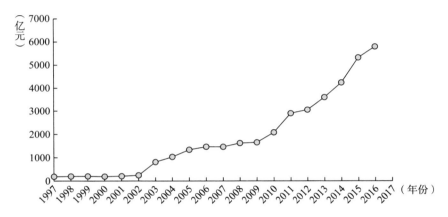

图 4. 26　1997～2016 年广东设备工器具投资情况

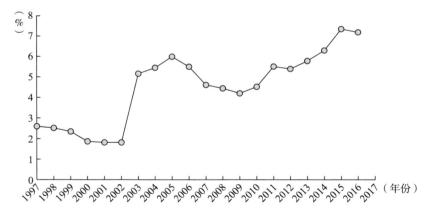

图 4. 27　1997～2016 年广东设备工器具购置费
占地区生产总值比重

广东作为我国经济第一强省，2018 年地区生产总值超过 9 万亿元，但是 $\bar{q}$ 值不显著，这也说明广东资本质量提高不明显，物化型技术进步对经济增长促进作用不显著。图4.26中，1997~2017年，广东设备投资逐年增加，但是2016年仅为5800亿元，设备投资相对不足。

图4.27中，广东设备投资占地区生产总值比重也呈上升趋势，但最高比重不足8%，远低于$\bar{q}$值显著地区设备投资占地区生产总值比重。图4.28对比与广东经济总量相近的江苏，江苏设备投资占地区生产总值比重远高于广东，且差距越来越大。同期，广东劳动收入份额也高于江苏，且呈现收入份额差距先缩小后扩大的趋势，见图4.29。广东设备投资绝对额、相对额低而劳动报酬份额偏高，表明广东产业生产偏向劳动密集型，非技术设备密集型，经济增长来源为要素投入和中性技术进步促进的要素效率提高，而非通过设备投资推动的设备资本质量提高。浙江的情况和广东类似，设备投资额占地区生产总值比例较低，多数年份维持在10%以下，设备投资不足导致资本质量提高不明显，物化型技术进步对经济促进作用不显著。

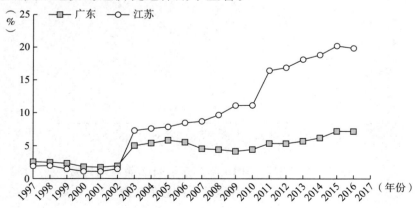

图4.28　1997~2016年广东、江苏设备工器具购置费占地区生产总值比重

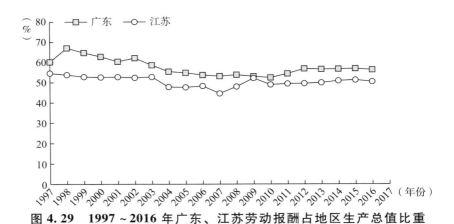

图 4.29　1997～2016 年广东、江苏劳动报酬占地区生产总值比重

（三）各地区物化型技术进步计算

根据式（4.3）计算出各地区资本质量指数即物化型技术进步指数。

$\bar{q}$ 值显著地区用 $\bar{q}$ 原值计算，$\bar{q}$ 值不显著地区对 $\bar{q}$ 值进行估算，$\bar{q}$ 值不显著表明其值与 0 无显著差别，但是由 $\bar{q}$ 值的经济含义可知其不能为 0，资本质量指数也不能为 0，因此根据其经济含义及我国经济具体状况进行估算。我国经济发展不平衡，因此对东中西部地区给予不同 $\bar{q}$ 值权重，以 $\bar{q}$ 值显著地区 $\bar{q}$ 值最低的江西的参数值 0.3791 为基准值，东部地区 $\bar{q}$ 值按照江西 $\bar{q}$ 值的 90% 计算，中部地区按照江西 $\bar{q}$ 值的 80% 计算，西部地区按照江西 $\bar{q}$ 值的 70% 计算，调整我国各地区 1997～2016 年资本质量指数，计算结果具体见表 4.15。

表 4.15　分地区 1997～2016 年资本质量指数估计值

年份	北京	天津	河北	山西	内蒙古	辽宁
1997	2.0671	0.3573	0.3771	0.3078	0.2646	0.3449
1998	2.0856	0.3757	0.3971	0.3029	0.2762	0.3442

续表

年份	北京	天津	河北	山西	内蒙古	辽宁
1999	2.1194	0.3901	0.4119	0.3053	0.2897	0.3548
2000	2.1363	0.4017	0.4282	0.3208	0.3072	0.3670
2001	2.2331	0.4082	0.4400	0.3365	0.3115	0.3700
2002	2.4118	0.4331	0.4490	0.3482	0.3171	0.3763
2003	2.6324	0.4644	0.4751	0.3639	0.3282	0.4035
2004	2.9756	0.5143	0.5028	0.3779	0.3337	0.4342
2005	3.0392	0.5265	0.5020	0.3724	0.3447	0.4429
2006	3.0422	0.5286	0.5020	0.3702	0.3563	0.4517
2007	3.2022	0.5521	0.5254	0.3901	0.3716	0.4783
2008	3.6555	0.6317	0.5892	0.4564	0.4070	0.5364
2009	3.5611	0.6182	0.5728	0.4578	0.4074	0.5190
2010	3.7368	0.6432	0.5944	0.4819	0.4365	0.5392
2011	4.1440	0.7022	0.6311	0.5139	0.4632	0.5787
2012	4.2125	0.7148	0.6400	0.5299	0.4538	0.5897
2013	4.1957	0.7187	0.6453	0.5396	0.4566	0.5937
2014	4.1610	0.7269	0.6495	0.5387	0.4572	0.5921
2015	3.9478	0.7291	0.6351	0.5300	0.4480	0.5784
2016	3.9398	0.7299	0.6396	0.5386	0.4512	0.5802

年份	吉林	黑龙江	上海	江苏	浙江	安徽
1997	0.3192	0.3142	1.3402	2.5328	0.3500	0.3018
1998	0.3227	0.3228	1.3792	2.6421	0.3540	0.3048
1999	0.3420	0.3224	1.3920	2.7473	0.3613	0.3197
2000	0.3551	0.3416	1.4566	2.8737	0.3804	0.3284
2001	0.3699	0.3486	1.5457	2.9111	0.3944	0.3310
2002	0.3823	0.3637	1.6288	2.9930	0.4145	0.3424
2003	0.3989	0.3705	1.7581	3.3018	0.4479	0.3685

续表

年份	吉林	黑龙江	上海	江苏	浙江	安徽
2004	0.4167	0.3919	1.9568	3.7486	0.4770	0.3980
2005	0.4266	0.3933	2.0275	3.7184	0.4723	0.4006
2006	0.4372	0.3968	2.0859	3.7184	0.4658	0.3990
2007	0.4604	0.4190	2.1950	4.0205	0.4894	0.4269
2008	0.5072	0.4662	2.4722	4.6327	0.5496	0.4795
2009	0.5150	0.4519	2.4388	4.6712	0.5405	0.4662
2010	0.5320	0.4806	2.6240	4.9125	0.5694	0.4951
2011	0.5715	0.5226	2.9118	5.3590	0.6246	0.5391
2012	0.5818	0.5316	2.9121	5.3438	0.6248	0.5507
2013	0.5893	0.5406	2.9514	5.4536	0.6297	0.5581
2014	0.5933	0.5415	2.9766	5.5675	0.6349	0.5625
2015	0.5754	0.5388	2.8305	5.2262	0.6106	0.5410
2016	0.5748	0.5410	2.8191	5.2050	0.6130	0.5454
年份	福建	江西	山东	河南	湖北	湖南
1997	5.1806	0.3998	1.9182	0.4965	0.3090	0.3131
1998	5.4103	0.4243	2.0021	0.4871	0.3081	0.3360
1999	5.6671	0.4370	2.1083	0.4901	0.3087	0.3428
2000	6.1150	0.4711	2.2796	0.5198	0.3215	0.3577
2001	6.3233	0.4892	2.4228	0.5422	0.3287	0.3674
2002	6.6059	0.4982	2.5498	0.5626	0.3406	0.3745
2003	7.2133	0.5369	2.7092	0.6001	0.3678	0.4001
2004	7.9496	0.5859	2.9582	0.6563	0.4033	0.4355
2005	8.2372	0.5798	3.0412	0.6548	0.4090	0.4509
2006	8.4687	0.5925	3.0866	0.6548	0.4058	0.4644
2007	9.1064	0.6302	3.2305	0.6865	0.4194	0.4928
2008	9.8796	0.7140	3.4909	0.7513	0.4578	0.5285

续表

年份	福建	江西	山东	河南	湖北	湖南
2009	9.9821	0.6883	3.3983	0.7194	0.4477	0.5328
2010	10.4922	0.7129	3.5702	0.7509	0.4751	0.5493
2011	11.3928	0.7868	3.8484	0.8080	0.5174	0.5820
2012	11.5887	0.8061	3.9252	0.8221	0.5298	0.5968
2013	11.7175	0.8178	3.9734	0.8228	0.5382	0.6086
2014	11.8045	0.8213	3.9846	0.8288	0.5469	0.6176
2015	11.5791	0.7899	3.8801	0.8078	0.5447	0.6201
2016	11.5559	0.8027	3.8958	0.8119	0.5508	0.6282

年份	广东	广西	海南	重庆	四川	贵州
1997	0.3659	0.2710	0.3586	0.7536	0.5490	0.2845
1998	0.3813	0.2887	0.3768	0.7941	0.5599	0.3041
1999	0.4091	0.2951	0.3935	0.8185	0.5906	0.3125
2000	0.4425	0.3158	0.4202	0.8699	0.6525	0.3119
2001	0.4703	0.3348	0.4427	0.9113	0.7159	0.3202
2002	0.5031	0.3430	0.4386	0.9653	0.7598	0.3283
2003	0.5417	0.3664	0.4674	1.0447	0.8077	0.3453
2004	0.6046	0.3942	0.5129	1.1310	0.8938	0.3554
2005	0.6269	0.3961	0.5212	1.1589	0.9425	0.3600
2006	0.6294	0.3977	0.5212	1.1635	0.9611	0.3643
2007	0.6566	0.4056	0.5717	1.2308	1.0125	0.3832
2008	0.7359	0.4414	0.6749	1.3906	1.1817	0.4351
2009	0.7200	0.4342	0.6722	1.3806	1.1614	0.4552
2010	0.7520	0.4454	0.7072	1.4239	1.1889	0.4712
2011	0.8075	0.4791	0.7571	1.5191	1.2499	0.5020
2012	0.8330	0.4862	0.7845	1.5659	1.2803	0.5168
2013	0.8570	0.4880	0.7840	1.5948	1.2897	0.5285

续表

年份	广东	广西	海南	重庆	四川	贵州
2014	0.8763	0.4970	0.7916	1.6060	1.2980	0.5394
2015	0.8675	0.4881	0.7908	1.5753	1.2551	0.5319
2016	0.8771	0.4881	0.8028	1.5705	1.2703	0.5270
年份	云南	陕西	甘肃	青海	宁夏	新疆
1997	0.2831	0.2946	0.2757	0.2833	0.8580	0.2856
1998	0.3015	0.3243	0.2836	0.2924	0.9139	0.3042
1999	0.3187	0.3417	0.2875	0.3070	0.9516	0.3113
2000	0.3320	0.3686	0.3064	0.3221	1.0166	0.3372
2001	0.3445	0.3738	0.3043	0.3134	1.0166	0.3251
2002	0.3594	0.3851	0.3108	0.3372	1.0701	0.3229
2003	0.3729	0.3986	0.3225	0.3546	1.1454	0.3341
2004	0.4020	0.4242	0.3283	0.3656	1.2373	0.3469
2005	0.4141	0.4174	0.3290	0.3707	1.2482	0.3398
2006	0.4137	0.4278	0.3283	0.3736	1.2335	0.3405
2007	0.4301	0.4490	0.3351	0.3798	1.2790	0.3536
2008	0.4689	0.5034	0.3620	0.4241	1.3875	0.3837
2009	0.4713	0.5054	0.3606	0.4314	1.4345	0.3962
2010	0.4858	0.5302	0.3756	0.4441	1.5078	0.4180
2011	0.5090	0.5671	0.4047	0.4720	1.6201	0.4689
2012	0.5215	0.5917	0.4138	0.4886	1.6555	0.4889
2013	0.5314	0.6086	0.4307	0.5035	1.6694	0.4937
2014	0.5412	0.6169	0.4356	0.5125	1.6952	0.4982
2015	0.5406	0.6125	0.4338	0.5032	1.6576	0.4906
2016	0.5488	0.6181	0.4298	0.5057	1.6660	0.4936

第四节　本章小结

本章利用嵌套的 CES 生产函数，基于资本质量改进思想，采用非线性似不相关回归模型估计我国资本质量指数即物化型技术进步，并用劳动工资替代劳动数量对估计方法进行稳定性检验，$\bar{q}$ 估计值较为接近，说明用非线性似不相关回归模型估计的资本质量指数稳定。1980~2016 年，我国资本质量指数逐年提高，设备投资占国内生产总值比重逐年上升是支撑物化型技术进步不断提高的重要基础。根据 $\bar{q}$ 和建筑资本、设备资本价格比计算出各年物化型技术进步值，结果表明我国在经济发展过程中资本质量不断提升。固定资产投资中设备投资蕴含技术进步，我国投资扩张与物化型技术进步过程融合，投资质量和资本生产率不断提高，经济增长与经济质量提高并行。

测算国民经济各行业物化型技术进步时，选择三次产业中具有代表性的农林牧渔业、建筑业、制造业、建筑业和金融业进行研究。经过测算发现，农林牧渔业物化型技术进步率最小，金融业物化型技术进步率最大。同时发现，我国农业中性技术进步率最大，而制造业中性技术进步率最小。建筑业设备投资和劳动投入的替代弹性值最高，达到 385，因此当建筑业经营中投入新设备进行生产时，将导致资本对劳动力的强势替代，并引起劳动力向替代弹性小的行业转移。金融业物化型技术进步最高，同时设备资本和劳动投入替代弹性也达到 3.39。金融业是物化型技术水平最高的行业，高物化型技术进步率说明金融业是资本、技术双密集型行业，设备投资增加将进一步引起劳动投入减少，经营服务向高技术、自助化发展。

对我国各地区物化型技术进步测算发现，全国只有 10 个地区 $\bar{q}$ 值显著。分别为福建、江苏、北京、山东、上海、宁夏、重庆、四川、河南、江西。其中福建 $\bar{q}$ 值最高，估计值为 4.9626，江西最低，估计值为 0.3791。$\bar{q}$ 值显著地区的共同特征为设备资本投资占地区生产总值比重逐年上升，设备资本投入份额高于劳动投入份额，且设备资本投入对劳动投入替代性较高。经济发达的广东、浙江等地区 $\bar{q}$ 值并不显著，主要特征为设备投资占地区生产总值比重低，且上升趋势不明显，劳动收入份额较高。由于 $\bar{q}$ 值不能为 0，对 $\bar{q}$ 值不显著地区按照江西 $\bar{q}$ 值进行加权估算，东中西部地区分别按江西的 90%、80% 和 70% 计算我国各地区物化型技术进步指数。结果显示，我国各地区物化型技术进步值逐年提高，但是绝对值相对较低，1997～2016 年多数地区资本质量提升不明显。综合看 $\bar{q}$ 值显著地区物化型技术进步明显，且与 $\bar{q}$ 值不显著地区资本质量之间差距逐渐增大。

第五章
物化型技术进步的影响因素检验

　　本章在上一章测算的我国物化型技术进步值的基础上对影响物化型技术进步的因素进行检验，并探究其内在影响机制。在前沿文献中，对物化型技术进步的研究多集中在资本质量的测算及对经济增长的贡献上。少数学者们也开始探究物化型技术进步和资本质量的影响因素，如关注设备进口和外商直接投资、人力资本、研发投入、本土企业干中学或者技术结构对资本物化型技术进步的影响，以及微观层面的公司规模和劳动者适应性对资本质量的影响（Cummins et al.，2002），可见，前沿文献已经通过对资本质量指数的测算度量资本物化型技术进步，以及研究哪些因素影响资本物化型技术进步和资本质量变化。

　　影响物化型技术进步的因素众多，有文献提出设备进口和外商直接投资、人力资本、研发投入对物化型技术进步具有显著影响（董直庆、王林辉，2010）。本书在此基础上结合物化型技术进步定义和经验研究，把直接影响因素归纳为三个方面：设备资金投入、自主创新及国外技术溢出。本节将重点研究这三种因素对物化型技术进步的影响，同时加入产业结构现代化程度、市场开放度和技能劳动投入指标作为控制变量。设备资金投入指标选择设备工器具购置费,用 ie 表示,在第四章也说明设备工器具购置费是影响资本物化型技术进步的一个重要因素,本章将深入研究其对物化型技术进步的影响;自主创新用研发投入 rd 表示;国外技术溢出指标,本章选择用外商投资企业投资总额表征,用 fdi 表示;由于先进技术设备集中投资在第二和第三产业,因此用第二和第三产业增加值之和占地区生产总值比重作为反映产业结构的指标,用 is 表示;市场开放度也是影响物化型技术进步的一个因素,良好的市场环境有利于设备购置,本书采用樊纲等(2011)编制的中国市场化指数衡量市场开放度,用 mi 表示,根据《中国市场化指数:各地区市场化相对进程 2011 年报告》中公布的 1997~2009 年数据,用插值法外推到 2016 年;技能劳动投入选择全国各省市专业技术人员年末数量,用 sk 表示。以上数据均来自中国国家统计局网站,外商投资企业投资总额 fdi 数据来自万德数据库,并换算成人民币价格表示,所有价格数据都经相应指数平减。资本质量指数利用第四章测算的各地区资本质量指数。数据不包括西藏,其他省份个别缺失值用移动平均法进行填补,得到数据区间为 1997~2016 年 7 个指标的平衡面板。

第一节 设备资金投入对物化型技术进步的影响检验

为研究设备资金投入对物化型技术进步影响,建立如下面板数据回归模型:

$$\ln q_{it} = \beta_0 + \beta_1 ie_{it} + \beta_2 is_{it} + \beta_3 mi_{it} + \beta_4 sk_{it} + \eta_i'\delta + u_i + \varepsilon_{it} \quad (5.1)$$

一 设备资金投入对物化型技术进步影响检验

利用全样本数据结合式（5.1）进行回归分析，估计结果见表 5.1。

表 5.1 设备资金投入对资本质量指数影响估计结果

	（1）	（2）	（3）	（4）	（5）	（6）
	fe	prais	pcse	qr_10	qr_50	qr_90
lnie	0.0142**	0.0252***	0.0995***	0.0951***	0.1085***	0.0981***
	(0.0061)	(0.0044)	(0.0116)	(0.0121)	(0.0089)	(0.0143)
lnmi	0.2531***	0.0719**	0.2352***	0.1833***	0.2039***	0.1736**
	(0.0247)	(0.0233)	(0.0421)	(0.0489)	(0.0359)	(0.0577)
lnsk	0.1817***	−0.0000	−0.0819***	−0.0452**	−0.1094***	−0.0431*
	(0.0144)	(0.0172)	(0.0105)	(0.0196)	(0.0144)	(0.0232)
lnis	0.4314***	−0.1425	−0.0054	−0.0602	0.1409	0.2744
	(0.1026)	(0.1483)	(0.0426)	(0.1454)	(0.1066)	(0.1715)
_$cons$	−0.8030***	0.7933***	0.2249**	−0.0268	0.4111***	0.4027***
	(0.0629)	(0.1276)	(0.0768)	(0.1019)	(0.0748)	(0.1202)
N	600	570	600	600	600	600
R^2	0.917	0.089	0.659	—	—	—

注：括号中为标准差，***、**、*分别表示在1%、5%和10%的显著性水平上显著。

表 5.1 中第（1）列为固定效应（fe）模型估计结果，设备投资对资本质量指数弹性的估计值为 0.0142，说明设备投资对资本质量指数具有正向影响，设备投资每增加1%，资本质量指数可以提高1.42%。三个控制变量对资本质量的影响都为正值。固定效应模型的拟合优度（R^2）达到 0.917，效果较好。prais 模型

R^2 较差，仅为 0.089，所以舍弃其估计结果。面板校正标准差（pcse）模型 R^2 高于 prais 模型。设备投资弹性估计值也为正值，但是 pcse 模型估计值大于 fe 模型估计值，所以固定效应模型比较稳定。

进一步建立设备投资对资本质量指数分位数回归方程，如下：

$$y_q = \beta_{q1}ie_{it} + \beta_{q2}is_{it} + \beta_{q3}mi_{it} + \beta_{q4}sk_{it} \tag{5.2}$$

其中 y_q 表示资本质量指数，表 5.1 第（4）、（5）、（6）列为数据对资本质量指数在 10%、50%、90% 分位数上的回归结果。与第（1）列用固定效应模型对资本质量指数估计相比，分位数回归描述可自变量对因变量在不同水平上的影响程度。从估计结果看，设备投资对资本质量指数在三个分位数上的回归系数都为正，且都在 1% 水平上显著。从估计值看，设备投资对资本质量指数在 10% 分位数上的弹性小于在 50% 分位数上的弹性。设备投资对资本质量指数在 90% 分位数上的弹性小于在 50% 分位数的弹性，但设备投资对资本质量指数在三个分位数上的弹性均大于对均值的弹性。结合表 5.1 中第（1）、（4）、（5）、（6）列结果可知，设备投资对资本质量指数在不同数值上呈先增加后减小趋势，设备工器具购置费增加对物化型技术进步值为中等水平的地区促进作用更显著。

图 5.1 显示，设备投资对物化型技术进步在不同分位数上的影响呈现先下降，再上升，再下降，最后上升趋势。设备投资对物化型技术进步弹性最高的点在 30% ~ 40% 分位数上，说明资本质量指数在此个区间的省份，加大设备资本投入对物化型技术进步提高效果最显著。市场化指数对物化型技术进步呈现先上升，后下降，再上升规律；专业技术人员对物化型技术进步呈现 "U" 形规律，

而产业结构呈现左侧拖尾的倒"U"形，物化型技术进步很高的地区，继续提高二、三产业占比将阻碍物化型技术进步发展。

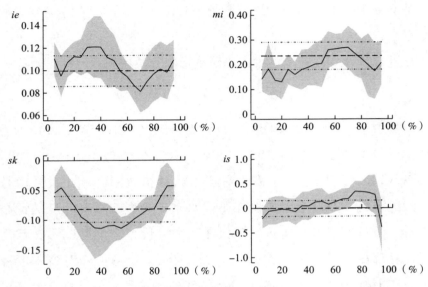

图5.1　设备投资对物化型技术进步分位数回归系数变化

二　设备资金投入对物化型技术进步影响：按地区分组检验

为了进一步考察设备资金投入对物化型技术进步影响，研究设备投资在不同地域、不同经济环境，不同经济政策影响下对物化型技术进步的影响，对数据按照东中西部进行分组，然后分别对式（5.1）进行估计，估计结果见表5.2。

表5.2　设备资金投入对资本质量指数影响估计结果——东中西部分组

	东部	中部	西部
ie	0.0125	0.0404 ***	0.0307 **
	（0.0087）	（0.0092）	（0.0102）

续表

	东部	中部	西部
mi	0.4619 ***	0.1408 **	0.1355 ***
	（0.0381）	（0.0516）	（0.0339）
sk	0.0845 ***	0.1338 ***	0.1661 ***
	（0.0244）	（0.0189）	（0.0240）
is	1.7119 ***	0.3026 **	0.6313 ***
	（0.2193）	（0.1052）	（0.1703）
_cons	− 0.7447 ***	− 0.5407 ***	− 0.3502 ***
	（0.1037）	（0.0862）	（0.1007）
N	220	160	220
R^2	0.938	0.964	0.921

注：括号中为标准差，***、**、* 分别表示在1%、5%和10%的显著性水平上显著。

从表5.2看，东部地区设备投资对东部地区物化型技术进步影响不显著，但市场化指数、专业技术人员和产业结构指数影响均显著。中部地区和西部地区设备投资对物化型技术进步弹性显著，且中部地区估计值高于西部地区。东部地区资本质量相对于中部西部地区高，如果不兼顾其他因素，单纯加大设备资本投入，对物化型技术进步提高作用不明显。但是中部地区和西部地区物化型技术进步较低，加大设备投入对物化型技术进步的影响更加显著。控制变量中改善市场化水平在东部地区对物化型技术进步影响最高，而西部地区专业技术人才对于物化型技术进步影响大。产业结构调整效果在东部地区最好，产业结构不断升级优化，有利于东部地区物化型技术进步提高。

三　设备资金投入对物化型技术进步影响：按规模和时间分组检验

根据各省份设备投资平均值把全部数据分成两部分：高于设备投资平均值组和低于设备平均值组，分别对式（5.1）进行估计，结果见表5.3第（1）、（2）列。

表5.3　设备资金投入对资本质量指数影响估计结果——按规模和时间分组

	（1）设备投资低于均值组	（2）设备投资高于均值组	（3）1997~2006年	（4）2007~2016年
ie	0.0125	0.0814 ***	0.0137 **	-0.0237
	(0.0081)	(0.0115)	(0.0067)	(0.0152)
mi	0.2339 ***	0.1458 **	0.1552 ***	0.3305 ***
	(0.0283)	(0.0474)	(0.0264)	(0.0277)
sk	0.2087 ***	0.0282	0.2939 ***	-0.0011
	(0.0203)	(0.0176)	(0.0339)	(0.0095)
is	0.5609 ***	0.1758	0.4752 ***	-0.227 ***
	(0.1280)	(0.1763)	(0.1361)	(0.0559)
_cons	-0.7662 ***	-0.1739	-1.0897 ***	-0.0283
	(0.0839)	(0.1394)	(0.1407)	(0.0690)
N	380	220	300	300
R^2	0.914	0.837	0.845	0.264

注：括号中为标准差，***、**、*分别表示在1%、5%和10%的显著性水平上显著。

表5.3第（1）列是设备投资平均值低于全国平均值的地区的估计结果，设备投资对物化型技术进步弹性不显著，说明在设

备投资少的地区，设备投资额增加对物化型技术进步促进不明显。原因可能是设备投资额低于全国平均水平的地区，设备投资额低，没有购置最先进的机器设备工器具，导致无法获得有效的物化型技术进步。这些地区进行设备工器具投资时，通过使用设备可以提高资本效率，但因为不是蕴含技术进步的最先进设备，无法提高资本质量。而高于设备投资平均值的地区，设备投资增加，将提高物化型技术进步。设备投资在该组对物化型技术进步的弹性为 0.0814，在 1% 水平上显著。

进一步把样本区间分成两个子样本，每段 10 年，式（5.1）估计结果见表 5.3 的第（3）和第（4）列。1997～2006 年，设备投资对物化型技术进步弹性为正值，加大设备投资可以提高物化型技术进步；但是 1997～2016 年，设备投资对物化型技术进步的弹性不显著，设备投资增加并没有明显改善资本质量。

综上，设备资金投入及设备工器具购置费对物化型技术进步总体具有正向促进作用，但是在物化型技术进步的不同分位数上作用不同，从低分位数到高分位数呈现先下降再上升，再下降然后上升的波浪形规律。设备投资在不同地区对物化型技术进步弹性也不同，东部地区弹性不显著，中西部地区设备投入对物化型技术进步弹性显著且中部弹性值大于西部；不同设备投入和不同时间、区间设备投入对物化型技术进步弹性也不同，设备投资高于均值组及 1997～2006 年的样本组设备投资对物化型技术进步具有显著的促进作用。

第二节　自主创新对物化型技术进步的影响检验

　　物化型技术进步来源于对新的先进设备工器具投资，而设备工器具的研发和生产需要前期科学研究投入，即把先进的技术与设备资本结合，对现有技术水平的设备进行技术改进，提高设备工器具的质量。技术进步实际包括两种表现形式。一种是指效率提高，新产品质量本身没有变化，并不蕴含新的技术和特性，只是生产效率提高，生产同样产量需要更少时间。如果技术进步在提高要素效率时，各种要素间的产出弹性之比保持不变，这种技术进步被称为中性技术进步，中性技术进步同比例地提高要素的产出弹性（Solow，1960）。另一种是物化型技术进步，指在耐用商品生产部门采用质量改进的形式，新技术被蕴含在新设备投资里，这是物化型技术进步的准确定义（Licandro et al.，2002）。实体经济中的制造业、计算机相关行业、通信业等均属于物化型技术进步高含量行业，而建筑业、房地产开发业等行业物化型技术进步含量低。显然物化型技术进步不是中性的，它特定地提高与技术融合在一起的那类设备资本的生产率。物化型技术进步产生的根本前提是技术的融入，或者说研发的投入，尽管研发投入统计并没有区分科研对象，一般只是作为中性技术进步的度量指标，但是它可以从总体上衡量对科技的投入。中性技术进步同步提高投入生产要素的产出弹性，也必将提高物化型技术进步率。本节研究自主创新对物化型技术进步的影响，以研发投入作为自主创新指标，研究其对物化型技术进步的影响。

一　自主创新对物化型技术进步影响检验

为研究自主创新对物化型技术进步的影响，建立如下面板数据回归模型：

$$\ln q_{it} = \beta_0 + \beta_1 rd_{it} + \beta_2 is_{it} + \beta_3 mi_{it} + \beta_4 sk_{it} + \eta_i{}'\delta + u_i + \varepsilon_{it} \quad (5.3)$$

利用全国 30 个省份面板数据对式（5.3）进行估计，结果见表 5.4。

表 5.4　自主研发对资本质量指数影响估计结果

	（1）	（2）	（3）	（4）	（5）	（6）
	fe	prais	pcse	qr_10	qr_50	qr_90
rd	0.0359**	− 0.0007	0.0464**	0.0449*	0.0345*	0.0653**
	(0.0112)	(0.0062)	(0.0195)	(0.0235)	(0.0200)	(0.0328)
mi	0.2794***	0.0924***	0.4356***	0.4223***	0.5099***	0.4461***
	(0.0220)	(0.0237)	(0.0378)	(0.0417)	(0.0356)	(0.0583)
sk	0.1833***	0.0131	− 0.0189	0.0613***	− 0.0397**	− 0.0388
	(0.0131)	(0.0174)	(0.0149)	(0.0185)	(0.0158)	(0.0259)
is	0.4077***	− 0.2864*	− 0.1731	− 0.4646**	− 0.1420	− 0.2969
	(0.1018)	(0.1511)	(0.1642)	(0.1894)	(0.1617)	(0.2645)
_cons	− 0.8386***	0.7732***	− 0.3117***	− 0.9170***	− 0.3518***	− 0.0475
	(0.0508)	(0.1284)	(0.0868)	(0.0747)	(0.0637)	(0.1043)
N	600	570	600	600	600	600
R²	0.918	0.037	0.548	—	—	—

注：括号中为标准差，***、**、*分别表示在 1%、5% 和 10% 的显著性水平上显著。

表 5.4 中显示，fe 模型的 R² 结果最高为 0.918，高于 prais 和 pcse 模型的 R²。fe 模型中研发投入对资本质量指数弹性为

0.0359，在5%水平上显著，说明研发投入对资本质量指数即物化型技术进步具有正向的促进作用。

进一步用研发投入对资本质量指数进行分位数回归，建立分位数回归方程：

$$y_q(x_i) = \beta_{q1}rd_{it} + \beta_{q2}is_{it} + \beta_{q3}mi_{it} + \beta_{q4}sk_{it} \qquad (5.4)$$

从表5.4第（4）、第（5）、第（6）列估计结果看，资本质量指数在10%和50%分位数上的弹性在10%水平上显著，在90%分位数上的弹性在5%水平上显著，且系数均为正值。其中在10%分位数上的估计值为0.0449，高于对资本质量指数均值估计弹性，表明资本质量指数低的省份通过增加研发投入能够更加有效提高资本质量，从而提高物化型技术进步。研发投入对资本质量指数在50%分位数上的回归弹性与均值相似，但都低于在10%分位数上的弹性，说明资本质量指数中等水平的省份，通过增加研发投入同样可以提高资本质量指数，但是弹性小于资本质量指数低的省份，出现研发投入收益规模递减效应。可能原因是这些地区研发工作受到科研人员或技术壁垒等因素限制，阻碍研发对资本质量提高的效率。资本质量指数在90%分位数处，研发投入对资本质量指数的弹性最高，达到0.0653，说明资本质量指数高的地区，研发效果和研发投入质量高，研发投入对资本质量提高效果最明显，主要是资本质量指数高的地区研发技术先进，最先进的技术进步融入新的机器设备中，推动当地设备质量不断提高，设备更新速度高于其他地区，研发—生产—再研发形成良性循环，物化型技术进步源源不断。

图5.2第一张图清晰地展示了研发投入在资本质量指数各个分位数上的弹性估计值，在90%分位数之前，弹性值变化不大，

但是在90%分位数之后，弹性值迅速上升，打破了研发投入对资本质量指数边际效应递减规律。资本质量指数最高的地区，在较高的资本质量基础上，通过继续加大研发投入，急速提高研发投入对资本质量指数的弹性。自主研发创新的机器设备不断被投入生产过程中，快速提高设备基本效率，提高企业利润，增加了企业对先进技术设备的需求，进而也成为自主研发投入的动力，在这个过程中物化型技术进步不断提高，最先进的技术设备出现在资本质量指数最高的地区，资本质量指数高的地区也重点发展自主创新来提高物化型技术进步，从而提高资本产出率。

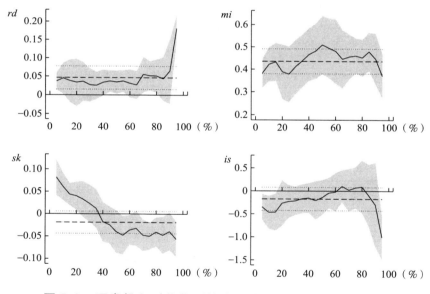

图5.2　研发投入对物化型技术进步分位数回归系数变化

二　自主研发对物化型技术进步影响：按地区分组检验

进一步对30个省份按照东中西部进行分组，检验自主研发在不同地区、不同经济环境下对物化型技术进步影响，估计结果见

表 5.5。

表 5.5　自主研发对资本质量指数影响估计结果——按地区分组

	东部		中部		西部	
	(1)	(2)	(3)	(4)	(5)	(6)
	fe	pcse	fe	pcse	fe	pcse
rd	−0.0267	0.0977 ***	0.0217	−0.0078	0.0032	0.0196
	(0.0213)	(0.0165)	(0.0137)	(0.0197)	(0.0185)	(0.0198)
mi	0.4836 ***	0.6643 ***	0.3000 ***	0.5477 ***	0.1765 ***	0.2926 ***
	(0.0367)	(0.0397)	(0.0376)	(0.0425)	(0.0317)	(0.0295)
sk	0.1129 ***	0.0409 **	0.1424 ***	0.0091	0.2095 ***	0.0363 **
	(0.0222)	(0.0151)	(0.0200)	(0.0211)	(0.0198)	(0.0132)
is	1.9036 ***	−1.5721 ***	0.3989 ***	0.5556 ***	0.8163 ***	1.2800 ***
	(0.2492)	(0.2076)	(0.1124)	(0.0746)	(0.1707)	(0.1719)
_cons	−0.8776 ***	−1.3097 ***	−0.7867 ***	−0.5791 ***	−0.5292 ***	0.0543
	(0.0845)	(0.0938)	(0.0647)	(0.0767)	(0.0837)	(0.0374)
N	220	220	160	160	220	220
R^2	0.938	0.743	0.960	0.850	0.917	0.784

注：括号中为标准差，*** 、** 、* 分别表示在1% 、5%和10%的显著性水平上显著。

在对式 (5.3) 用 fe 模型估计时，东中西部地区的研发投入变量均不显著，可能原因是数据采用省际面板，在按东中西部分区后，研发投入指标是一个存在扩散效应的变量，误差项存在组内同期相关，于是采用稳健标准差估计，即 pcse 模型估计。从估计结果看，只有东部地区研发投入对物化型技术进步影响显著，且估计值为 0.0977，在 1% 水平上显著，回归 R^2 为 0.743。东部地区物化型技术进步相对较高，结合上一节分位数回归可以推测，东部大部分地区处在 80% 分位数上的位置，研发投入对资本质量指数弹性高，对物化型技术进步影响具有规模报酬递增效应。东部地区技术水平高，设备技术含量较高，加大研发投入显著促进东部地区物化型技术进步效率的提高。相较于中西部地区，东部地区的研发投入推动物化型技术进步更具规模效应。

中部地区和西部地区研发投入对资本质量指数影响不显著，主要是因为中西部地区研发投入规模及研发质量较东部地区差，研究和开发的特殊属性决定研发投入对物化型技术进步的影响效果。科学研究的扩散效应需要离研发中心更近，或者研发规模化，离研发中心距离远或者研发中心不集中，都不利于技术研发的发展。中西部地区在自主创新上缺乏规模效应，因此研发投入不能成为中西部地区促进物化型技术进步的主要手段。

三　自主研发对物化型技术进步影响：按规模和时间分组检验

进一步根据研发投入平均值将样本分成两组：高于平均值组和低于平均值组，用分组后数据对式（5.2）分别进行估计，由于研发投入变量存在地区扩散效应而产生组间相关或空间相关，因此采用面板校正标准差模型进行估计，估计结果见表5.6第（1）和（2）列。

表5.6　自主研发对资本质量指数影响估计结果——按规模和时间分组

	（1）	（2）	（3）	（4）
	研发投入低于平均值组	研发投入高于平均值组	1997～2006 年	2007～2016 年
rd	0.0634 ***	0.1090 ***	0.0662 ***	0.0700 ***
	（0.0183）	（0.0259）	（0.0135）	（0.0180）
mi	0.5181 ***	0.2819 ***	0.2568 ***	0.3085 ***
	（0.0343）	（0.0473）	（0.0480）	（0.0322）

	（1）	（2）	（3）	（4）
	研发投入低于平均值组	研发投入高于平均值组	1997~2006 年	2007~2016 年
sk	－0.0797 ***	0.1785 ***	－0.0627 ***	－0.0426 ***
	（0.0119）	（0.0250）	（0.0088）	（0.0102）
is	0.3977 ***	－0.3115	－0.2142 **	－0.6410 ***
	（0.1167）	（0.2646）	（0.1033）	（0.1150）
$\_cons$	－0.0512	－1.0900 ***	0.0587	0.1011
	（0.0514）	（0.0811）	（0.0463）	（0.1051）
N	380	220	300	300
R^2	0.688	0.731	0.344	0.276

注：括号中为标准差，***、**、*分别表示在1%、5%和10%的显著性水平上显著。

按均值分组后，研发投入低于均值组的地区对资本质量指数弹性估计值为0.0634，在1%水平上显著，表明研发投入低于均值组研发投入对资本质量提高具有正向促进效应。研发投入高于均值组研发投入对资本质量指数弹性估计值为0.1090，在1%水平上显著，比研发投入低于平均值组大。研发投入高于平均值的地区，易于形成研发投入的规模效应，且形成研发中心并发挥规模报酬递增效应，更有利于通过研发投入提高物化型技术进步率，提高资本质量。从我国资本质量指数地区分布可知，我国资本质量指数高的地区集中在东部沿海地区和四川、重庆地区，且都以区域集中为特点，因此研发投入高的地区也集中在这两个区域，研发中心的集聚效应和规模效应更有利于物化型技术进步发展，有利于研发的相互渗透和激励，因此研发投入高于均值组的地区研发投入对资本质量指数弹性大于研发投入低于均值组的地区。这个结果与对资本质量指数分位数回归变动趋势相互印证，说明自主创新对资本质量高的地区提高资本质量，促进物化型技术进步的提高至关重要。

把样本区间从中间截断，分成 1997~2006 年和 2007~2016 年两个样本区间，区分两个样本区间的目的在于技术进步是时间的函数，随着时间的推移，技术进步水平不断提高，使用越新的技术资本质量越高，这也是物化型技术进步的形成基础。通过不同时间段研发投入对资本质量指数回归结果的对比，分析研发投入对资本质量指数影响的不同时间段差异。表 5.6 第（3）列和第（4）列分别为 1997~2016 年和 2007~2016 年的估计结果。1997~2006 年研发投入对资本质量指数弹性的估计值为 0.0662，在 1% 水平上显著，说明在这 10 年间研发投入能够促进资本质量指数提高，对物化型技术提高具有正效应。2007~2016 年，研发投入的估计值为 0.0700，略高于前 10 年，同样在 1% 水平上显著。表明在最近的 10 年间，我国各省份研发投入推动了资本质量的提高，对物化型技术进步具有正向效应。我国的自主研发能够推动我国资本质量提高，自主研发是我国物化型技术进步的来源。但是比较前 10 年和后 10 年发现，前后 20 年间我国自主研发对物化型技术进步的促进作用并没有明显的提高，研发投入对资本质量指数弹性变化不大，没有随着技术和时间发展而显著提高，自主研发对资本质量的提高有进一步提升空间。

综上，本节检验了自主研发对物化型技术进步的影响效应，从总体上看，我国自主创新对物化型技术进步具有正向的促进作用，用不同回归模型进行估计，结果稳定。通过研发投入对资本质量指数分位数回归发现，研发投入对资本质量指数弹性呈先下降再上升趋势，且都为正值。图 5.2 显示，研发投入在 90% 分位数之前，弹性值变化不大，但是在 90% 分位数之后，弹性值迅速上升，打破了研发投入对资本质量指数边际效应递减规律。对各省份按照东中西部划分区域后，只有东部地区研发投入对资本质量指数的弹性显著且为正值，对物化型技术进步具有正向促进作用，中西部地区自主创新对物化型技术进步提高没有显著影响。进一步根据研发投入按照均值分组后发现，研发投入低于均值组和高于均值组的地区研发投入对资本质量指数弹性均为正值且显著，研发投入高于均值组弹性大于研发投入低于均值组弹性。把样本区间划分为前后 10 年，1997～2006 年和 2007～2016 年研发投入对资本质量指数弹性均为正值，2007～2016 年弹性高于 1997～2006 年弹性，但是提高不明显，说明我国在 20 年间研发投入对资本质量提高作用没有显著提升。

第三节　国外技术溢出对物化型技术进步的影响检验

物化型技术进步产生于对新的设备和工器具的投资的过程中，随着国际间贸易发展，国外技术溢出对我国物化型技术进步也将产生影响。本节将检验国外技术溢出对我国物化型技术进步的影响，国外技术溢出指标采用外商投资企业的投资总额来度量，用 fdi 表示。

为研究国外技术溢出对物化型技术进步的影响，建立如下面板数据回归模型：

$$\ln q_{it} = \beta_0 + \beta_1 fdi_{it} + \beta_2 is_{it} + \beta_3 mi_{it} + \beta_4 sk_{it} + \eta_i{}'\delta + u_i + \varepsilon_{it} \quad (5.5)$$

一　国外技术溢出对物化型技术进步影响检验

利用 30 个省份 1997～2016 年的面板数据，对式（5.5）进行估计，估计结果见表 5.7。

表 5.7　国外技术溢出对资本质量指数影响估计结果

	（1）	（2）	（3）	（4）	（5）	（6）
	fe	prais	pcse	qr_10	qr_50	qr_90
fdi	− 0.0307 ***	− 0.0113 *	− 0.0923 ***	− 0.0882 ***	− 0.0885 ***	− 0.0966 ***
	（0.0091）	（0.0063）	（0.0078）	（0.0055）	（0.0060）	（0.0152）
mi	0.2867 ***	0.0979 ***	0.5530 ***	0.4217 ***	0.6111 ***	0.4870 ***
	（0.0221）	（0.0239）	（0.0230）	（0.0262）	（0.0287）	（0.0727）
sk	0.1920 ***	0.0159	0.0210 **	0.0623 ***	0.0102	0.0595 **
	（0.0123）	（0.0177）	（0.0105）	（0.0102）	（0.0112）	（0.0283）
is	0.5017 ***	− 0.2716 *	0.1233 *	0.3106 ***	0.0037	0.2692
	（0.0970）	（0.1502）	（0.0672）	（0.0856）	（0.0938）	（0.2371）
_cons	− 0.8258 ***	0.7808 ***	− 0.5010 ***	− 0.5829 ***	− 0.5936 ***	− 0.3411 **
	（0.0520）	（0.1323）	（0.0450）	（0.0452）	（0.0496）	（0.1253）
N	600	570	600	600	600	600
R^2	0.918	0.041	0.713	—	—	—

注：括号中为标准差，*** 、** 、* 分别表示在 1%、5% 和 10% 的显著性水平上显著。

表 5.7 第（1）列、第（2）列和第（3）列分别是用 fe 模型、prais 模型及 pcse 模型对式（5.5）估计的结果。用三种模型估计的外商直接投入对资本质量指数的弹性值均为负值，数值略有差异，根据省际面板数据特征及目标变量的特征，面板数据省际可能存在组间相关，所以选择以 pcse 模型估计结果为准。从结果看，外商直接投入对资本质量指数的弹性估计值为 − 0.0923，

在 1% 显著水平上显著。这说明外商直接投资对我国 1997～2016 年资本质量指数的影响为负值，外商企业直接投资没有促进我国资本质量提高。

为了进一步检验外商直接投资对我国资本质量投资的影响，使用分位数回归模型，建立如下分位数回归方程：

$$y_q(x_i) = \beta_{q1}fdi_{it} + \beta_{q2}is_{it} + \beta_{q3}mi_{it} + \beta_{q4}sk_{it} \tag{5.6}$$

表 5.7 第（4）列、第（5）列和第（6）列分别为对式（5.6）在资本质量指数 10%、50% 和 90% 分位数上的估计结果。从外商直接投资的估计结果看，在这三个分位数上的估计值均为负值，且估计值接近，说明在资本质量指数高中低三个水平上外商直接投资对资本质量的提高具有抑制作用，而且资本质量指数越高的地区，抑制程度越大。近年来我国经济快速发展，外商直接投资呈下降趋势，外商直接投资对我国资本质量提高具有抑制作用，也可能是选择的样本区间内外商直接投资减少造成的。外商直接投资对资本质量指数不同分位数的影响见图 5.3。

从图 5.3 中第一张图看到，外商直接投资对资本质量指数的弹性在不同分位数上下小幅波动。但整体估计值都在 −0.08 以下，说明在所有分位数外商直接投资对物化型技术进步都是抑制作用。国外技术溢出对我国诸多方面具有正向的促进作用，但是在 1997～2016 年，外商直接投资对我国物化型技术进步是起抑制作用的。其中主要原因在于我国经济欠发达地区外商直接投资的主要方向不是设备，经济欠发达地区设备购置的主要来源还是国内设备；资本质量较高地区想从国外获得领先的设备，技术壁垒也比较高，所以国外技术溢出并没有促进我国物化型技术进步。

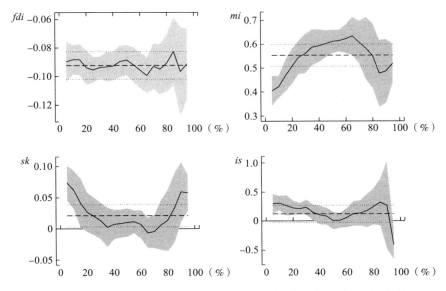

图 5.3　外商直接投资对物化型技术进步分位数回归系数变化

二　国外技术溢出对物化型技术进步影响：按地区分组检验

将我国各省份按照东中西部分组，由于外商直接投资存在省际扩散效应，因此选用面板校正标准差模型对式（5.5）进行估计，估计结果见表 5.8。

表 5.8　国外技术溢出对资本质量指数影响估计结果——按地区分组

	（1）	（2）	（3）
	东部	中部	西部
fdi	−0.0862***	−0.0904***	−0.0206*
	（0.0118）	（0.0197）	（0.0116）
mi	0.7122***	0.5357***	0.2823***
	（0.0378）	（0.0383）	（0.0253）

	（1）	（2）	（3）
	东部	中部	西部
sk	0.0482 ***	0.0271	0.0598 ***
	（0.0124）	（0.0190）	（0.0089）
is	− 0.6005 ***	0.3003 **	1.3108 ***
	（0.1256）	（0.1077）	（0.0893）
_cons	− 1.0511 ***	− 0.5400 ***	− 0.0113
	（0.0784）	（0.0523）	（0.0418）
N	220	160	220
R^2	0.777	0.867	0.787

注：括号中为标准差，*** 、** 、* 分别表示在 1%、5% 和 10% 的显著性水平上显著。

从估计结果看，外商直接投资在东中西部地区对资本质量指数弹性都是负值，东部地区外商直接投资对资本质量指数弹性估计值为 − 0.0862，在 1% 显著性水平上显著；中部地区外商直接投资对资本质量指数弹性估计值为 − 0.0904，在 1% 显著性水平上显著；西部地区外商直接投资对资本质量指数弹性估计值为 − 0.0206，在 10% 显著性水平上显著。外商直接投资对西部地区物化型技术进步的抑制作用是最小的，而对中部地区的抑制作用最大。我国西部地区是资本质量指数最低的地区，资本质量较差，外商直接投资中的设备投资在西部地区可能与当地的生产和人员不相适应，从而影响了生产率，表现出对物化型技术进步的抑制作用。东中部地区外商通常选择我国劳动力密集型产业进行直接投资，当资金流向劳动密集型产业后，技术密集型产业发展受到影响，从而使外商直接投资表现出对东中部地区物化型技术进步的抑制作用，这主要是外商直接投资的资金投向引起的。

三 国外技术溢出对物化型技术进步影响：基于规模和时间分组检验

根据外商直接投资均值和各省份均值，可以把 30 个省份分成两个组，即高于外商直接投资均值省份组和低于外商直接投资均值省份组，用面板校正标准差模型对式（5.5）进行估计，估计结果见表 5.9。

表 5.9 国外技术溢出对资本质量指数影响估计结果——
按规模和时间分组

	（1）	（2）	（3）	（4）
	外商直接投资低于均值组	外商直接投资高于均值组	1997~2006 年	2007~2016 年
fdi	-0.0701***	-0.0516***	-0.0699***	-0.0215
	(0.0106)	(0.0112)	(0.0108)	(0.0186)
mi	0.5312***	0.5856***	0.3821***	0.3986***
	(0.0242)	(0.0362)	(0.0356)	(0.0817)
sk	-0.0068	0.0904***	0.0007	-0.0195**
	(0.0099)	(0.0130)	(0.0096)	(0.0090)
is	0.3208***	0.2193**	0.1879**	-0.2299***
	(0.0883)	(0.1069)	(0.0707)	(0.0515)
$\_cons$	-0.3304***	-1.0490***	-0.2141***	-0.1055
	(0.0434)	(0.0732)	(0.0605)	(0.1844)
N	420	180	300	300
R^2	0.689	0.824	0.474	0.268

注：括号中为标准差，***、**、*分别表示在1%、5%和10%的显著性水平上显著。

外商直接投资低于均值组地区和高于均值组地区的外商直接

投资对资本质量指数弹性估计值分别为 −0.0701 和 −0.0516，都在 1% 水平上显著。但是两组数据显示外商直接投资对资本质量指数弹性都是负值，表明外商直接投资在这两组地区都对物化型技术进步具有抑制作用，外商直接投资在高于均值组地区的抑制作用弱于在低于均值组地区的抑制作用。

把样本区间从 2006 年分开，分别对面板数据的前 10 年和后 10 年进行估计，估计结果见表 5.9 第（3）和第（4）列。1997～2006 年，外商直接投资对我国资本质量提高具有负向作用，外商直接投资的增加限制了我国物化型技术进步的发展，没有对我国资本质量的提高起到促进作用，反而阻碍了我国物化型技术进步的发展。到了 2007～2016 年，外商直接投资对资本质量指数的影响不显著，在这 10 年中，我国经济快速发展，经济总量及经济质量不断提高，人口红利消失，劳动力成本在世界上不再具有比较优势，外商直接投资时也不再将资金投向我国劳动密集型加工生产行业，加上外商直接投资近几年持续下降，导致外商直接投资对我国物化型技术进步的抑制作用减弱，出现不显著的情况。我国资本质量指数高的地区通过自主研发获得现在的技术和设备，甚至出口技术和设备，已经出现反向的技术溢出。而外商直接投资中对设备的输出较少，因此在 2007～2016 年，外商直接投资对我国物化型技术进步影响不显著。

综上，外商直接投资总体及其对资本质量指数分位数回归估计值均为负值，资本质量指数越高的地区，外商直接投资对物化型技术进步的抑制作用越强。在东中西部分组中，东部和中部地区的外商直接投资对资本质量指数弹性均为负值，西部地区外商直接投资对资本质量指数弹性也为负值，但是抑制作用弱于东中部地区。在按照外商直接投资额均值分组后，两组数据显示外商直接投资对资本质量指数弹性也都为负值，外商直接投资高于均值组的地区国外技术溢出对我国物化型技术进步的抑制作用弱于外商直接投资低于均值组的地区。再把研究区间分成两个阶段，每期 10 年，前 10 年外商直接投资对资本质量指数弹性同样为负值，但是 2007 ~ 2016 年，外商直接投资对我国资本质量指数影响不显著。

第四节　物化型技术进步影响因素综合分析

一　综合因素对物化型技术进步影响分析

前面三节分别用设备购置、自主研发和国外技术溢出对我国物化型技术进步影响进行了分析和检验，这一节对所有影响因素进行分析检验，首先建立如下回归方程：

$$\ln q_{it} = \beta_0 + \beta_1 ie_{it} + \beta_2 rd_{it} + \beta_3 fdi_{it} + \beta_4 is_{it} + \beta_5 mi_{it}$$
$$+ \beta_6 sk_{it} + \eta_i{}' \delta + u_i + \varepsilon_{it} \tag{5.7}$$

为研究各因素对资本质量指数的在每个分位数上的影响，同时建立分位数回归方程：

$$yq = \beta_{q1} ie_{it} + \beta_{q2} rd_{it} + \beta_{q3} fdi_{it} + \beta_{q4} is_{it} + \beta_{q5} mi_{it} + \beta_{q6} sk_{it} \tag{5.8}$$

基于全国 30 个省份全部数据对式（5.7）和式（5.8）进行估计，结果见表 5.10。

表 5.10 物化型技术进步影响因素估计结果

	(1)	(2)	(3)	(4)	(5)
	fe	pcse	qr_10	qr_50	qr_90
ie	0.0146 **	0.0634 ***	0.0515 ***	0.0564 ***	0.1134 ***
	(0.0060)	(0.0097)	(0.0091)	(0.0105)	(0.0183)
rd	0.0353 **	0.0977 ***	0.0628 ***	0.0999 ***	0.1594 ***
	(0.0110)	(0.0162)	(0.0144)	(0.0166)	(0.0290)
fdi	−0.0296 **	−0.0655 ***	−0.0640 ***	−0.0699 ***	−0.0587 ***
	(0.0090)	(0.0079)	(0.0066)	(0.0076)	(0.0133)
mi	0.2609 ***	0.4036 ***	0.3070 ***	0.3985 ***	0.3420 ***
	(0.0244)	(0.0308)	(0.0338)	(0.0390)	(0.0679)
sk	0.1579 ***	−0.0696 ***	−0.0263 *	−0.0596 ***	−0.0973 ***
	(0.0152)	(0.0184)	(0.0146)	(0.0169)	(0.0294)
is	0.3282 **	−0.4668 ***	−0.0509	−0.4607 ***	−1.2978 ***
	(0.1055)	(0.1394)	(0.1150)	(0.1324)	(0.2307)
_cons	−0.6692 ***	−0.0306	−0.1278 *	−0.0521	0.1911
	(0.0682)	(0.0779)	(0.0760)	(0.0876)	(0.1526)
N	600	600	600	600	600
R^2	0.920	0.751	—	—	—

注：括号中为标准差，*** 、** 、* 分别表示在1%、5%和10%的显著性水平上显著。

表 5.10 第（1）列为固定效应模型估计结果，第（2）列为面板校正标准差模型估计结果，该模型估计的结果更符合实际情况，所以这里以第（2）列结果为准。从估计结果看，所有影响因素均在1%水平上显著，设备投资估计值为0.0634，表明设备资金投入对物化型技术进步具有正向促进作用，而且资本质量指数在各个分位数上估计值呈先增大后减小趋势。研发投入对资本质量指数影响也为正值，在10%、50%和90%分位数上设备投资对

资本质量指数的影响呈先上升再下降趋势。外商直接投资对资本质量指数影响为负值，且在各分位数上基本稳定。这三个变量对物化型技术进步具有直接影响，但是市场化指数、技能劳动和产业结构也会对物化型技术进步产生间接影响。

市场化指数对资本质量指数影响为正值，良好的市场环境和开放度，有利于设备购置和流动，且市场化指数对资本质量指数在不同分位数上的影响变化不大。专业技术人员数量对物化型技术进步影响为负值，pcse 模型估计的专业技术人员对物化型技术进步弹性估计为 −0.0696，且通过分位数回归模型发现，专业技术人员对物化型技术进步抑制作用越来越大，这主要是因为物化型技术进步与使用先进生产设备相关，新的设备对劳动是替代的，而且不区分技能劳动和非技能劳动，因此当雇佣更多专业人员时，必将导致设备投资数额减少，因此专业技术人员对物化型技术进步弹性为负值。产业结构指标对物化型技术进步弹性也为负值，且资本质量指数在各个分位数上弹性值迅速提高，抑制作用逐渐增强，原因在于第二、三产业增加值占比升高是产业结构发展的必然趋势，当前我国第一产业增加值占比逐渐下降，第二产业增加值占比逐渐升高，经济发达省份第二产业增加值占比达到峰值并开始下降，第三产业增加值和劳动就业人数占比不断上升。产业结构指标的提高，其中主要特征为第三产业增加值占比升高和就业人数增加，而第三产业是劳动密集型产业，除个别行业外，整体设备投资和技术密集度低，资本投入低，劳动报酬高，导致第三产业资本质量低。从分位数回归结果也可以看到，资本质量指数在 10% 分位数上的产业结构指标估计值不显著，而在 90% 分位数上的弹性估计为 −1.2978，资本质量指数处在 90%

分位数上的省份，经济发达，第三产业占比很高，而第三产业整体资本和技术密集度低，抑制了物化型技术进步来源的第二产业发展，因此对物化型技术进步具有较强的抑制作用。

图5.4清晰地展示出各影响因素对物化型技术进步在不同分位数上的弹性值。从图5.4看，设备投资、研发投入和外商直接投资对物化型技术进步的影响与上文分析一致，市场化指数整体对物化型技术进步具有正向效应，而且在资本质量较低的地区，提高市场开放度，改善市场环境更有利于物化型技术进步的发

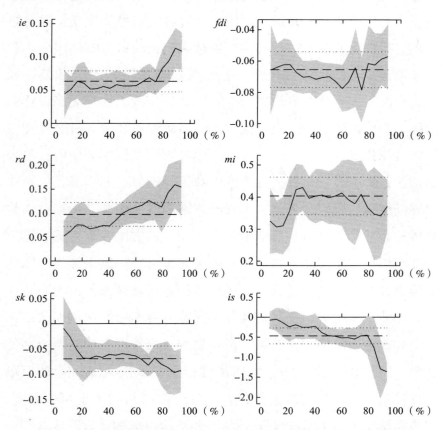

图5.4　各影响因素对物化型技术进步分位数回归系数变化

展。市场化指数对物化型技术进步值较高地区的弹性低于对物化型技术进步值中等地区的弹性，技能人才和产业结构在资本质量指数的高分位数上的抑制作用都高于在低分位数上的抑制作用。

二　综合因素对物化型技术进步影响：按地区分组检验

进一步对数据按照东中西部分组，并对式（5.7）进行估计，采用 pcse 模型估计，结果见表 5.11。

表 5.11　综合因素对物化型技术进步影响估计结果——按地区分组

	（1）	（2）	（3）
	东部	中部	西部
ie	0.0502***	-0.0042	0.0631***
	（0.0132）	（0.0154）	（0.0105）
rd	0.1033***	0.0089	0.0659**
	（0.0243）	（0.0179）	（0.0212）
fdi	-0.0679***	-0.0929***	0.0035
	（0.0143）	（0.0207）	（0.0103）
mi	0.5745***	0.5475***	0.1962***
	（0.0446）	（0.0745）	（0.0290）
sk	-0.0391	0.0268	-0.0272
	（0.0270）	（0.0205）	（0.0197）
is	-1.0927***	0.2976**	0.6403***
	（0.2337）	（0.1217）	（0.1796）
$\_cons$	-0.5649***	-0.5483***	0.3137***
	（0.1237）	（0.1220）	（0.0652）
N	220	160	220
R^2	0.803	0.867	0.814

注：括号中为标准差，***、**、*分别表示在1%、5%和10%的显著性水平上显著。

　　东部地区设备投入、研发投入、市场化指数对物化型技术进步影响为正值。而外商直接投资和产业结构对物化型技术进步影响为负值。尤其是东部地区产业结构变动对物化型技术进步的抑制作用比较强。技能劳动对东部地区物化型技术进步影响不显著。中部地区市场化指数对物化型技术进步具有正向的促进作用，产业结构对物化型技术进步影响为正值，且在 5% 水平上显著，中部地区各省份第二、三产业占比提高对资本质量提高作用显著，尤其是第二产业发展还有很多空间。西部地区设备投资和研发投入都能提高物化型技术进步水平，国外技术溢出对西部地区物化型技术进步无显著影响，市场化指数提高也能促进资本质量提高，但是弹性较低，调整产业结构，减少第一产业增加值占比，对西部地区物化型技术进步发展作用明显。东中西部地区各省份的经济差距是我国经济发展不平衡的主要原因，其中经济基础、要素质量和市场环境等因素影响在不同地区发挥作用的方式和强度也存在差异。

三　综合因素对物化型技术进步影响：按时间分组检验

　　将所有样本数据分成 1997～2006 年和 2007～2016 年两个子样本，可以研究各影响因素在不同样本区间对物化型技术进步的影响差异。分别采用固定效应模型和面板校正标准差模型进行估计，结果见表 5.12。

表 5.12　综合因素对资本质量指数影响估计结果——按时间分组

	1997～2006 年		2007～2016 年	
	(1)	(2)	(3)	(4)
	fe	pcse	fe	pcse
ie	0.0175 **	0.0488 ***	0.0682 ***	−0.0183
	(0.0067)	(0.0111)	(0.0120)	(0.0121)

续表

	1997～2006 年		2007～2016 年	
	（1）	（2）	（3）	（4）
	fe	pcse	fe	pcse
rd	0.0391 ***	− 0.0061	0.0774 ***	0.0637 ***
	（0.0117）	（0.0237）	（0.0129）	（0.0192）
fdi	− 0.0141	− 0.0614 ***	− 0.0485 ***	− 0.0304 *
	（0.0103）	（0.0110）	（0.0084）	（0.0181）
mi	0.1582 ***	0.3181 ***	0.2382 ***	0.4122 ***
	（0.0260）	（0.0741）	（0.0280）	（0.0812）
sk	0.2450 ***	0.0681 *	− 0.0751 ***	− 0.0169
	（0.0359）	（0.0349）	（0.0131）	（0.0171）
is	0.3504 **	− 0.2689	− 0.2979 **	− 0.5943 ***
	（0.1380）	（0.2159）	（0.1004）	（0.1241）
_cons	− 0.8813 ***	− 0.4343 ***	0.2172 ***	− 0.1366
	（0.1514）	（0.0807）	（0.0571）	（0.1863）
N	300	300	300	300
R^2	0.852	0.826	0.611	0.298

注：括号中为标准差，***、**、*分别表示在1%、5%和10%的显著性水平上显著。

从表 5.12 回归结果看，固定效应模型拟合优度要高于面板校正标准差模型，由于样本区间分成两部分后，时间变短，序列相关程度降低，短面板特性高于长面板特性，所以这里选择固定效应模型进行分析。设备投资和研发投入对资本质量指数影响均为正值，后 10 年弹性高于前 10 年。外商直接投资 1997～2006 年对物化型技术进步影响固定效应模型估计值不显著，面板校正标准差模型估计值和 2007～2016 年这两种模型的估计值都为负值。市场化指数在两个区间均正向影响资本质量指数，后 10 年弹性高于前 10 年，说明市场开放度和市场经济环境对物化型技术进步的作用程度增大。专业技术人才 1997～2006 年对物化型技术进步有促进作用，主要是先进的设备工器具应用于生产经营和服务过程中需要专业技术人员调试及普及，但 2007～2016 年专业技术人员对物化型技术进步的影响转为负值，主要原因是新的设备机器设计越来越简单易用，不需要专业人才参与使用过程，机器设备越来越表现出对整体劳动力的替代性。1997～2006 年，我国产业结构不断升级，农业占比下降，第二产业比重不断提高，第三产业快速发展，物化型技术进步随之提高；但 2007～2016 年，很多省份第二产业产值到达峰值，第三产业比重超越第二产业，发展更加迅速，承接第二产业和第一产业劳动力转移，第三产业占地区总产出的比重越来越高，第二产业比重相对下降及第三产业比重的相对提高，导致物化型技术进步发展受到抑制。

综上，除直接影响物化型技术进步的设备投资、研发投入和外商直接投资因素外，市场化指数在不同区域和不同时间对物化型技术进步都起正向促进作用。市场环境越好的地区和阶段，市场化指数对物化型技术进步的影响越大。资本质量指数较高的地区由于设备对劳动的替代性，专业技术人才增加将阻碍物化型技术进步的发展。产业结构对物化型技术进步的影响比较复杂，在不同时间和区域作用不同，但在第一产业占比较高的时候，产业结构升级有利于物化型技术进步的提高。当第三产业占地区生产总值比重高于第二产业后，产业结构继续升级将阻碍物化型技术进步发展。

第五节　本章小结

本章对影响物化型技术进步的因素进行检验，研究设备资金投入、自主研发和国外技术溢出对物化型技术进步的影响及影响效果和方式，并对市场化水平、专业技术人才和产业结构等非直接影响因素进行检验，讨论其影响大小及影响方式。

本章分析方法主要为面板数据固定效应模型、面板校正标准差模型及分位数回归模型，并将数据进行分组研究，分组方法包括根据地区（东中西部）、因变量均值及时间划分等。检验发现设备资金投入及设备工具购置对物化型技术进步总体具有正向促进作用，但是在物化型技术进步的不同分位数上呈现波浪形规律。设备投资在不同地区对物化型技术进步弹性不同；东部地区弹性不显著；中西部地区设备投入对物化型技术进步弹性显著且中部地区弹性值大于西部地区。不同设备投入额和不同时间、区间设备投入对物化型技术进步弹性也不同，设备投资高于均值组及 2006 年以前样本组的设备投资对物化型技术进步具有显著的促进作用。

我国自主创新对物化型技术进步具有正向的促进作用，用不同回归模型估计，结果稳定。分位数回归模型结果显示，研发投入对资本质量指数弹性都为正值，且在 90% 分位数之前，弹性值变化不大，但是在 90% 分位数之后，弹性值迅速上升，打破了研发投入对资本质量指数边际效应递减规律。对各省份按照东中西部地区划分区域后，只有东部地区研发投入对资本质量指数的弹性显著且为正值，对物化型技术进步具有正向促进作用，中西部地区自主创新对物化型技术进步提高没有显著影响。进一步对研发投入按照均值分组后发现，研发投入低于均值组和研发投入高于均值组研发投入对资本质量指数弹性均为正值且显著，研发投入高于均值组弹性大于研发投入低于均值组弹性，并且弹性值提高明显。把样本区间划分为前后 10 年，1997～2006 年和 2007～2016 年研发投入对资本质量指数弹性均为正值，2007～2016 年弹性高于1997～2006 年，但是提高不明显，说明我国在 20 年间研发投入对资本质量提高没有显著提升作用。

外商直接投资在总体及其对资本质量指数分位数回归估计值均为负值，资本质量指数越高的地区，外商直接投资对物化型技术进步的抑制作用越强。在东中西部地区分组中，东部地区和中部地区的外商直接投资对资本质量指数弹性均为负值，西部地区外商直接投资对资本质量指数弹性也为负值，但是抑制作用弱于东中部地区。在按照外商直接投资额均值分组后，两组数据外商直接投资对资本质量指数弹性也都为负值，外商直接投资高于均值组的国外技术溢出对我国物化型技术进步的抑制作用弱于外商直接投资低于均值组。在把研究区间分成两个阶段，每期 10 年后，前 10 年外商直接投资对资本质量指数弹性同样为负值，但是2007～2016 年，外商直接投资对我国资本质量指数影响不显著。

所有影响物化型技术进步因素共同对资本质量指数的回归分析结果显示，设备资金投入、自主创新和外商直接投资对资本质量指数的影响与分别研究各因素对其影响方向一致。在不同分组条件下结论都是设备投资对我国物化型技术进步具有促进作用，但在不同地区和不同时间对物化型技术进步影响的弹性不同；研发投入对资本质量指数在不同地区和不同时间促进效果也不同，但整体有利于物化型技术进步发展。外商直接投资由于更倾向于投入劳动密集型产业并抑制我国研发投入发展，对我国物化型技术进步都起抑制作用，说明国外技术扩散对我国资本质量提高没有促进效果，反而抑制其发展。市场化指数在不同区域和不同时间对物化型技术进步都起正向促进作用。市场环境越好的地区和阶段，市场化指数对物化型技术进步的影响弹性越大。资本质量指数较高的地区由于设备对劳动的替代性，专业技术人员增加将阻碍物化型技术进步的发展。产业结构对物化型技术进步的影响比较复杂，在不同时间和区域作用不同，但在第一产业占比较高的时候，产业结构升级有利于物化型技术进步的发展。当第三产业占地区生产总值比重高于第二产业时，产业结构继续升级将阻碍物化型技术进步发展。

第六章
物化型技术进步对经济增长影响研究

第一节　物化型技术进步对经济增长的
动态影响

  物化型技术进步作为经济增长的重要来源，由于其与资本的耦合形式，早期并未受到广泛关注（Denison，1964）。20 世纪 80 年代中期以后，发达国家的制造业发展突飞猛进，设备投资蓬勃兴起，随之生产率迅速提高。由于投入产出核算很难捕获引起资本质量变化的物化型技术进步贡献（Boucekkine et al.，2005），出现设备投资蓬勃发展时期全要素生产率对经济增长的贡献下降现象（Hulten，1992）。学者们开始认识到不能准确估计资本质量，将导致产出核算错误和低估资本或技术进步对经济增长的贡献（Sakellaris and Vijselaar，2005）。此时，物化型技术进步和资本质量研究逐渐走入学者们的视野。Hulten 认为美国制造业 20% 的剩余增长来源于物化型技术进步，但如果缺乏对资本质量变化的度量，这种物化型技术进步很难在全要素生产率中被捕获

（Hulten，1992）。Greenwood 等和 Licandro 等利用不同的方法度量了美国的物化型技术进步增长率，得出物化型技术进步对经济增长的贡献率在 20 世纪 90 年代达到 58% 和 69%（Greenwood et al.，1997；Licandro et al.，2002）。随后物化型技术进步开始作为经济增长的动力被广泛研究，但研究主要集中在物化型技术进步对经济增长贡献的测算上。宋冬林等将资本分为建筑资本和设备资本两类，利用资本质量指数调整设备资本存量，测算物化型技术进步对经济增长的贡献率，发现物化型技术进步对经济增长的贡献率为 10.6%，占资本贡献的 14.8%（宋冬林等，2011）。王林辉、董直庆利用分行业固定资产投资中的设备工器具投资表征资本物化型技术进步，通过面板数据回归检验物化型技术进步及对我国制造业生产率的影响，发现物化型技术进步是生产率增长的重要来源（王林辉、董直庆，2010）。

　　研究物化型技术进步和经济增长之间存在的复杂动态联系，要求将物化型技术进步和经济增长两个变量同时包含在模型中，使这两个变量内生化，因此选择向量自回归模型加以分析。而两者的关联在特定的时间和空间下，表现的特征不同，可能存在非线性效应，因此需要考虑时间上的非线性结构变化和空间上的异质性特征。基于时间上的非线性特征变化，参考 Hamilton（1989）和 Krolzig（1997）等的处理思路，将马尔科夫转移矩阵融入向量自回归模型，进而形成马尔科夫向量自回归模型（MS－VAR），因此，本章基于马尔科夫向量自回归模型，按照 1980~2016 年时间序列展开研究。基于空间上的差异性，面板向量自回归模型（PVAR）可以弥补常规面板数据分析在内生性问题方面的缺陷。同时借助面板门限回归模型考察物化型技术进步与经济增长的非线性关系。因此，本章将综合运用马尔科夫向量自回归模型和面板向量自回归模型及面板门限回归模型等方法，系统地考察物化型技术进步与经济增长之间的动态关联影响。

一　基于 MS – VAR 模型的实证检验

为了更加清晰地探究物化型技术进步与经济增长之间复杂的动态联系，本书借助马尔科夫向量自回归模型加以考察。马尔可夫向量自回归模型，是在传统的向量自回归模型的基础上融合马尔科夫链的（Markov Chain）特性，可以捕捉到经济变量在不同区制之间的动态变化过程。传统的向量自回归模型如下。

P 阶截距型向量自回归模型为：

$$y_t = v + M_1 y_{t-1} + \cdots + M_p y_{t-p} + \varepsilon_t \tag{6.1}$$

P 阶截距型均值型向量自回归为：

$$y_t - \mu = M_1(y_{t-1} - \mu) + \cdots + M_p(y_{t-p} - \mu) + \varepsilon_t \tag{6.2}$$

无论是截距型向量自回归模型还是均值型向量自回归模型都是线性模型。因此参考 Krolzig 的思路，将区制引入向量自回归模型，因此会形成 MSI(n)–VAR(p)、MSM(n)–VAR(p)，分别代表截距随着区制变化的马尔科夫向量自回归模型、均值随着区制变化的向量自回归模型。分别如下：

$$y_t = v(S_t) + M_1 y_{t-1} + \cdots + M_p y_{t-p} + \varepsilon_t \tag{6.3}$$

$$y_t - \mu(s_t) = M_1[y_{t-1} - \mu(s_t)] + \cdots + M_p[y_{t-p} - \mu(s_t)] + \varepsilon_t \tag{6.4}$$

转移概率满足一阶马尔科夫过程，$p_{ij} = P(s_t = j \mid s_{t-1} = i)$，满足 $\sum_{j=1}^{m} p_{ij} = 1$，其中误差项 ε_t 服从正态分布，即 $\varepsilon_t \sim NID$（0，$\sum$）。

同时，如果放松系数固定的假设，使其依赖于区制，同时误差项也依赖于区制变化，分别会形成 MSMAH(n)-VAR(p)、MSIAH(n)-VAR(p)，形式如式（6.5）和式（6.6）所示。

MSMAH(n)-VAR(p) 模型可以表示为：

$$y_t - \mu(s_t) = \sum_{i=1}^{p} M_i(s_t) \left[y_{t-p} - \mu(s_t) \right] + \varepsilon_t,$$

$$\varepsilon_t \sim NID\left[0, \sum (s_t) \right] \tag{6.5}$$

MSIAH(n)-VAR(p) 模型可以表示为：

$$y_t = v(s_t) + \sum_{i=1}^{p} M_i(s_t) y_{t-p} + \varepsilon_t,$$

$$\varepsilon_t \sim NID\left[0, \sum (s_t) \right]$$

$$\tag{6.6}$$

本书利用 EM 算法迭代可以计算出马尔科夫向量自回归模型的参数值与状态转移矩阵。样本区间为 1980~2016 年，研究对象为物化型技术进步即资本质量指数（qi）和国内生产总值（gdp），其中 qi 由上文计算而得，gdp 作为经济发展的指标，采用居民消费价格指数平减所得。为了消除异方差，对数据进行对数处理，数据走势如图 6.1 所示。由图 6.1 可知两变量均呈现上升趋势，但是无周期特征，因此该数据不具备平稳性特征。进一步对数据进行差分变换，检查差分的平稳性。

首先，对数据进行单位根检验，检验结果如表 6.1 所示。

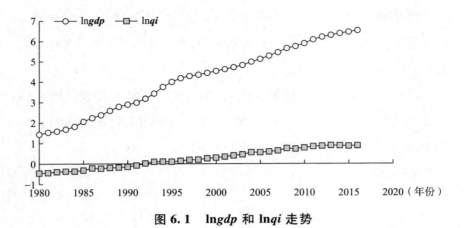

图 6.1   ln*gdp* 和 ln*qi* 走势

表 6.1   单位根检验结果

变量	ADF 值	1% 的临界值	5% 的临界值	10% 的临界值	P 值	检验结果
ln*gdp*	− 1.440	− 4.252	− 3.548	− 3.207	0.830	不平稳
ln*qi*	− 2.859	− 4.234	− 3.544	− 3.204	0.187	不平稳
*D*ln*gdp*	− 4.180	− 4.253	− 3.548	− 3.207	0.012	平稳
*D*ln*qi*	− 4.863	− 4.253	− 3.548	− 3.207	0.002	平稳

    根据以上单位根检验结果可知，ln*gdp*、ln*qi* 为非平稳序列，
*D*ln*gdp* 在 5% 的显著性水平上平稳、*D*lnqi 在 1% 的显著性水平上
平稳。因此 ln*gdp*、ln*qi* 为一阶单整，服从 I（1）过程。

    其次，为了确定各经济变量之间具有长期均衡关系，需要对
各变量进行协整检验，而协整检验是建立在向量自回归基础之上
的，因此，根据 SC、HQ、AIC 准则，选择模型的滞后阶数为滞
后 2 阶，同时建立滞后 2 阶的向量自回归模型。经检验该向量自
回归平稳，利用 Johansen 协整检验，判断变量之间是否具有协整
关系，检验结果如表 6.2 所示。迹检验和最大特征根检验结果均

表明两变量之间存在一阶单整，但是不存在协整关系。

表 6.2 协整关系检验

原假设	迹检验方法				最大特征根检验方法			
	特征根	迹检验统计量	5%临界值	P 值	特征根	最大特征根	5%临界值	P 值
没有协整关系	0.284	13.167	15.494	0.109	0.284	11.678	14.264	0.123
至多一个协整关系	0.042	1.489	3.841	0.222	0.0417	1.489	3.8415	0.222

在具体选择哪一种 MS-VAR 模型上，本章运用 OX 软件在 GiveWin2 上进行估计。在设定不同的模型形式时，根据均值、截距、系数依据区制变化的情况可以形成不同的模型：MSM-VAR、MSI-VAR、 MSMA-VAR、 MSMAH-VAR、 MSIA-VAR、 MSIAH-VAR。本书依次考察不同区制 M = 2、3，滞后阶数 p = 1，2，3，4，5 等形式下，各类非线性 MS(M)-VAR(p) 模型下 AIC、BIC、HQ 等信息准则值，经比较发现 MSIH(2)-VAR(2) 模型的各类信息准则值最小，因而最终选择 MSIH(2)-VAR(2) 模型，即滞后 2 阶，两区制的截距、方差依赖于区制变化的 MS-VAR 模型。

二 物化型技术进步对经济增长的影响：基于 MS-VAR 模型估计

物化型技术进步与经济增长的动态关系的检验结果如下表 6.3 所示。

表 6.3　MSIH(2)-VAR(2)模型估计结果

	$D\ln gdp$	$D\ln qi$
截距 1（区制 1）	0.0439 ***	0.0243 **
截距 2（区制 2）	0.1040 ***	0.0640 ***
$D\ln gdp$ （ - 1）	1.0505 ***	0.0837
$D\ln gdp$ （ - 2）	- 0.6416 ***	- 0.1277
$D\ln qi$ （ - 1）	- 0.5972 ***	0.0962
$D\ln qi$ （ - 2）	0.5728 ***	- 0.3176
SE（区制 1）	0.0024 ***	0.0205
SE（区制 2）	0.0367 ***	0.0272 **
Log-likelihood	150. 48	
线性 LR 检验	LR = 28. 845	
	Chi（5）= 0. 0000 *** Chi（7）= 0. 0000 ***	
	DAVIES = 0. 000 ***	

注：***、**、* 分别表示在 1%、5% 和 10% 水平上显著。

由表 6.3 可知，首先，线性 LR 统计量系数均显著，表明 MS-VAR 模型相比传统的 VAR 模型具有优势；其次，可以看出区制 1 的截距均小于区制 2 的截距。根据 Krolzig（1997）的思想，我们将区制 1 命名为低速增长区制，将区制 2 命名为高速增长区制。且区制 1 的标准差均小于区制 2 的标准差，说明在低速增长区制下波动较小，在高速增长区制下波动较大。

为了测算 1980～2016 年这一区间内具体的增长区制，需要测算两区制的区制变量 S_t 离散取值的平滑概率值，若区制变量的平滑概率值 $Pr(s_t = i | I_t) > 0.5, i = 1, 2$ 越大，其中 I_t 是基于过去的信息集，处于该区制的可能性越高，结果如图 6.2 所示。

图 6.2 显示物化型技术进步与经济增长两区制的过滤概率、

平滑概率、预测概率。对于物化型技术进步与经济增长系统而言，所有区制 1 样本为：1989～1990 年、1995 年、1999 年、2005 年、2009 年、2012 年、2014～2016 年。处于区制 2 的样本为：1983～1988 年、1991～1994 年、1996～1998 年、2000～2004 年、2006～2008 年、2010～2011 年、2013 年。

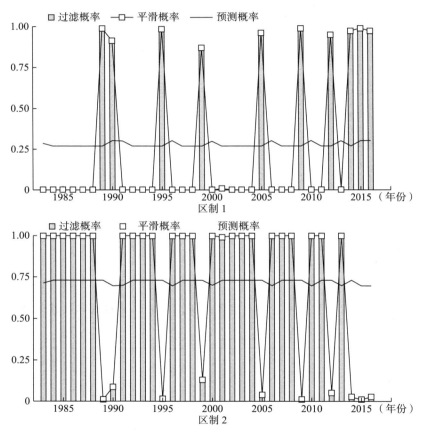

图 6.2　物化型技术进步与经济增长两区制转移概率

为了更加清晰地反映物化型技术进步与经济增长之间的动态关系，列出在区制 1 和区制 2 的相关系数如表 6.4 所示。

由表 6.4 可知，在低速增长区制和高速增长区制下，物化型技术进步与经济增长之间的关系均为正相关，但是在低速增长区制下，物化型技术进步与经济增长之间的相关系数为 0.5469，大于高速增长区制下的相关系数 0.1669。这说明物化型技术进步对经济增长的影响，在低速增长区制下要大于在高速增长区制下。

表 6.4　不同区制下的相关系数矩阵

区制 1	$Dlngdp$	$Dlnqi$
$Dlngdp$	1.0000	0.5469
$Dlnqi$	0.5469	1.0000
区制 2	$Dlngdp$	$Dlnqi$
$Dlngdp$	1.00	0.1669
$Dlnqi$	0.1669	1.00

由于物化型技术进步与经济增长存在双区制特征，接下来分析区制的具体属性。通过表 6.5 可知该经济系统处于不同区制下的区制转移概率。

表 6.5　物化型技术进步与经济增长两区制转移概率与持续时间

单位：年

区制	区制 1	区制 2	样本量	持续时间
区制 1	0.3035	0.6965	9.6	1.44
区制 2	0.2698	0.7302	24.4	3.71

由表 6.5 可知，物化型技术进步与经济增长的关系处于低速增长区制 1 并继续在这个区制的概率为 0.3035，由区制 1 转移到区制 2 的概率为 0.6965；处于高速增长区制 2 并保持在该区制的概率为 0.7302，由区制 2 转移到区制 1 的概率为 0.2698。因此系

统保持区制 2 的可能性更强，一旦当其落入区制 1 时，也会以较大的概率转移到区制 2，同样根据样本持续时间可知，维持在区制 2 的平均时间为 3.71 年，而维持在区制 1 的平均时间仅为 1.44 年。

基于历史数据预测未来区制的转移概率，图 6.3（a）和图 6.3（b）是当观测值位于某一区制时，未来处于区制 1 和区制 2 的概率。图 6.3（c）、图 6.3（d）、图 6.3（e）分别表示持续期

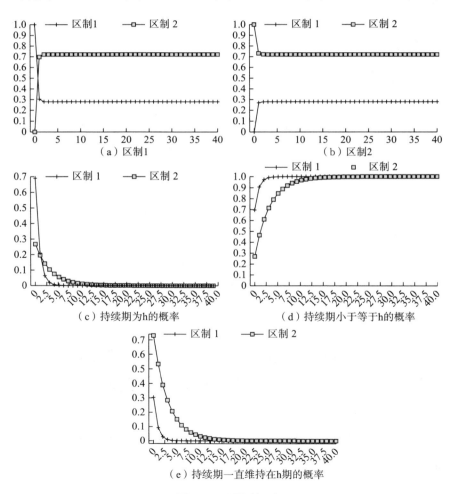

图 6.3　预测概率

为 h、持续期小于等于 h 和一直维持在 h 期的概率，综合来看，今后较长时间处于区制 2 的可能性更强，预测概率正好吻合了表 6.5 所示的事实。

综上，运用 MSIH(2)-VAR(2) 模型，探究物化型技术进步对于经济增长的动态关联效应。结果有以下两方面。第一，经济增长与物化型技术进步增速存在协同发展的双区制动态变化特征，物化型技术进步与经济增长的关联随着区制转移而发生变化。在两区制内物化型技术进步与经济增长增速之间的相关关系均为正相关，但是在区制 1 内的正相关关系要强于在区制 2 内的正相关关系，说明在低速增长区制内，物化型技术进步对于经济增长的影响程度更强。因此，当经济增长速度放缓时，需加快自主研发，增强物化型技术进步对于经济增长的驱动力。第二，对比分析区制转移概率和预测概率，结果发现，在区制 1 内，对应的标准差较小，在区制 2 内，对应的标准差较大，为此，在低速增长区制下波动较小，在高速增长区制下波动较大。因此在经济增速较快时，要注重防范和规避各类风险。同时，基于预测概率可知，物化型技术进步与经济增长增速的相关关系在很长时间内将维持在高速增长区制下。

第二节　物化型技术进步对经济增长的影响：
基于地区层面视角

一　物化型技术进步对经济增长的影响：基于门槛和 PVAR 模型的实证检验

由于物化型技术进步与经济增长之间的联系并非表现为线性

关系，从第一节时间序列上也可分析出两者之间存在不同的形态。为研究不同地区物化型技术进步对经济增长的影响，本节首先选择面板门槛回归模型探究两者之间的非线性关系。根据 Hansen（1999）门槛面板模型，研究物化型技术进步对经济增长的影响。将门槛模型设定如下：

$$\ln gdp_{it} = \alpha + \beta_1 \ln(qi_{it})I(\ln qi_{it} \leq \theta_1) + \beta_2 \ln(qi_{it})I(\ln qi_{it} \geq \theta_2) + \gamma X_{it} + \varepsilon_{it} \tag{6.7}$$

其中，$\ln gdp_{it}$ 表示 i 地区在 t 年的经济增长水平；$\ln qi_{it}$ 是物化型技术进步，同时也引入 X_{it} 为一系列控制变量，包括第 t 年第 i 个省份的设备资本存量 $\ln ke_{it}$、建筑资本存量 $\ln ks_{it}$、劳动力数量 l_{it}；ε_{it} 为随机误差项。本书依次检验存在一个门槛、两个门槛和三个门槛的情况，对模型进行估计。门槛效果采用自助法反复抽样 300 次得到的结果如表 6.6 所示。

表 6.6 门槛效果检验

模型	F 值	P 值	临界值		
			1%	5%	10%
单一门槛	3.3107	0.0900	56.29	43.21	37.16
双重门槛	3.1793	0.2067	62.63	40.44	32.22
三重门槛	3.0685	0.4267	66.46	49.19	40.20

我们发现单一门槛效果在 10% 的水平上显著，双重门槛效果和三重门槛效果均不显著，三个门槛对应的 P 值分别为 0.0900、0.2067 和 0.4267。因此我们选择单重门槛模型，估计门槛值与置信区间如表 6.7 所示。

表 6.7 门槛估计值与置信区间

模型	门槛估计值	95% 置信区间
单一门槛	0.4076	(0.3708, 0.4104)

表 6.7 给出了单一门槛模型对应的门槛值，其对应的是在 95% 置信水平上的置信区间。根据检验结果，我们选用单重门槛估计值进行分析并将门槛值设为 0.4076。根据门槛值 $\theta_1 = 0.4076$，将物化型技术进步分成两个区间，分别为 $\ln qi_{it} \leqslant 0.4076$、$\ln qi_{it} > 0.4076$，分别考察不同区间物化型技术进步对经济增长的影响。

表 6.8 门槛回归变量系数检验结果

变量	系数估计值	95% 置信区间	变量	系数估计值	95% 置信区间
$\ln qi$ （$\ln qi_{i,t} \leqslant 0.4076$）	0.1587 *** (0.532)	(0.0543, 0.2631)	$\ln ks$	0.0442 *** (0.0131)	(0.0187, 0.0698)
$\ln qi$ （$\ln qi_{it} > 0.4076$）	0.3462 *** (0.0431)	(0.2612, 0.4307)	$\ln l$	0.2584 *** (0.0391)	(-0.0119, 0.0083)
$\ln ke$	0.0001 (0.0096)	(-0.0187, 0.0189)	$\_cons$	0.7512 *** (0.2887)	(0.1840, 1.318)

注：***、**、* 分别表示在 1%、5% 和 10% 水平上显著。

表 6.8 显示，当物化型技术进步处于不同区间时，物化型技术进步对经济增长的影响是不同的，当物化型技术进步小于或等于 exp（0.4076）时，物化型技术进步对经济增长的影响弹性为 0.1587，当物化型技术进步大于 exp（0.4076）时，物化型技术对经济增长的影响弹性为 0.3462，即物化型技术进步对经济增长的影响为正向促进作用，同时随着物化型技术进步比重的提升，对经济增长影响的敏感程度是递进的，呈现梯度上升状态，验证了本章第

一节物化型技术进步与经济增长存在双区制特征，两者之间的正向关系随着区制变化。在控制变量方面，建筑资本存量和劳动力对经济增长的影响均为正值，设备资本存量的影响并不显著。

由于门槛回归模型可能存在内生性问题，为此，本书借助VAR模型考察物化型技术进步与经济增长两者关系，但是传统VAR模型未能考察到地区的异质性。而面板向量自回归模型的提出有效解决了传统VAR模型未能考虑地区异质性的现实问题，将传统VAR模型的应用范围进一步扩大。且面板向量自回归模型同时考虑时间和地区因素，同时提取的时间和空间维度信息可以让变量之间的联系更加可靠。为此，本书选取地区生产总值和物化型技术进步的对数形式即 $\ln qi$、$\ln gdp$ 为内生变量，引入模型。假设模型只存在个体固定效应且模型的结构不随着个体和时点变化，构建个体固定效应的面板VAR模型如下：

$$Y_{it} = \lambda_0 + \lambda_i + \varphi_1 Y_{it-1} + \varphi_2 Y_{it-2} + \cdots + \varphi_p Y_{it-p} + \varepsilon_{it} \qquad (6.8)$$

其中，$Y_{it} = (\ln gdp_{it}, \ln qi_{it})'$；$\lambda_0$ 是 2×1 维的常数向量；λ_1 是 2×1 维的向量，表示个体固定效应；φ_1，$\cdots$，φ_p 为 2×2 维的系数矩阵，不随个体和时点改变；ε_{it} 为个体误差项。考虑可能存在的序列相关性和异方差等问题，本书选择广义矩估计（GMM）方法对PVAR模型进行估计，同时由于 λ_i 与滞后内生变量之间存在相关性等问题，本章采用"向前均值差分"的方法消除固定效应。

二 模型估计结果

首先，为了避免出现"伪回归"，本书采用LLC检验进行平稳性检验，检验结果如表6.9所示。

表 6.9　LLC 检验结果

变量	系数	T 值	P > t	结论
lngdp	− 0. 13168	− 7. 437	0. 0248	平稳
lnqi	− 0. 14672	− 10. 012	0. 0000	平稳

可以看出面板数据 lngdp 和 lnqi 为平稳序列，因此可以建立面板 VAR 模型。

为了确定最佳模型滞后期数，选择适用于面板数据的 MMSC-Bayesian 信息准则（MBIC）、MMSC-Akaike 信息准则（MAIC）和 MMSC-Hannan and Quinn 信息准则（MQIC），根据这三个信息准则最小的原则，选择最佳的滞后阶数，检验结果见表 6.10 所示。

表 6.10　最佳模型滞后期数的选择

滞后期数	MBIC	MAIC	MQIC
1	− 59. 27088 *	− 0. 0103653	− 23. 72651 *
2	− 35. 5094	8. 935992	− 8. 851117
3	− 30. 01257	− 0. 3823062 *	− 12. 24038
4	− 6. 108873	8. 706257	2. 777221

注：*** 、** 、* 分别表示在1% 、5% 和 10% 水平上显著。

由表 6.10 可以看出 MBIC 信息准则和 MQIC 信息准则的滞后期数均为滞后 1 阶，因此选择建立的面板向量自回归模型的滞后阶数为 1 阶。接着用"向前均值差分"的方法消除固定效应，利用广义矩估计 GMM，对面板模型进行估计，结果如表 6.11 所示。

表 6.11　面板 VAR 模型 GMM 估计结果

被解释变量	解释变量	系数估计值	标准差
lngdp	L. lngdp	0.5245 ***	0.0879
	L. lnqi	0.3233 ***	0.0632
lnqi	L. lngdp	− 0.3326 ***	0.0691
	L. lnqi	1.1688 ***	0.0471

注：*** 、** 、* 分别表示在 1%、5% 和 10% 水平上显著。

表 6.11GMM 估计结果显示，当经济增长水平作为被解释变量时，滞后一期的物化型技术进步对经济增长的影响为 0.3233，说明物化型技术进步对经济增长有促进作用。当物化型技术进步为被解释变量时，滞后一期的经济增长水平对物化型技术进步的影响为 − 0.3326。

为了考察分地区物化型技术进步与经济增长之间的关系，本书分为东、中、西部地区考察物化型技术进步对经济增长的影响。

表 6.12　面板 VAR 模型 GMM 估计结果

被解释变量	地区	解释变量	系数估计值	标准差
L. lngdp	东部	L. lngdp	0.4950 ***	0.1842
		L. lnqi	0.2892 **	0.1174
	中部	L. lngdp	0.6157 ***	0.1158
		L. lnqi	0.2904 ***	0.0868
	西部	L. lngdp	0.6193 ***	0.1628
		L. lnqi	0.3141 **	0.1519

注：*** 、** 、* 分别表示在 1%、5% 和 10% 水平上显著。

由表 6.12 可知，分地区考察物化型技术进步对经济增长的影响，首先对应上文，滞后一期物化型技术进步对经济增长的影响均为正值；其次，东、中、西部地区物化型技术进步对经济增长的影响是逐渐递增的，可能的原因在于东、中、西部地区的经济增长水平是递减的，东部地区的资本、技术充裕，西部地区的资本、技术匮乏。因此，西部地区对物化型技术进步的敏感性、需求性更强，一旦中、西部地区引入较强的物化型技术进步，对经济增长的影响作用越强，因此，需通过增强西部地区对物化型技术进步引进的方法促进经济增长。

综上，物化型技术进步对经济增长的影响具有单重门槛特征，当物化型技术进步超过一定阈值时，物化型技术进步对于经济增长的正向影响会递增，即表现为梯度性，因为当物化型技术进步超过阈值时，便会形成规模效应，加速经济增长。分地区看，东部、中部、西部地区物化型技术进步对经济增长的敏感性逐渐递增，原因是资源的稀缺性加大经济增长对物化型技术进步的敏感程度。

第三节　物化型技术进步对经济增长的影响：基于产业层面视角

一　面板门槛模型设定

本节将基于产业层面考察物化型技术进步对经济增长的影响，和地区层面的研究思路类似，首先构建如下面板门槛回归模型。

$$\ln y_{it} = \alpha + \beta_1 \ln(qi_{it}) I(\ln qi_{it} \leqslant \theta_1) + \beta_2 \ln(qi_{it}) I(\ln qi_{it} \geqslant \theta_2)$$
$$+ \gamma X_{it} + \varepsilon_{it} \qquad (6.9)$$

其中，$\ln y_{it}$ 表示 i 产业在 t 年的产出水平；$\ln qi_{it}$ 是产业物化型技术进步；X_{it} 为一系列控制变量，包括第 t 年第 i 个产业的设备资本存量 $\ln ke_{it}$、建筑资本存量 $\ln ks_{it}$、劳动力数量 l_{it}；ε_{it} 为随机误差项。本书依次检验存在一个门槛、两个门槛和三个门槛的情况，对模型进行估计。门槛效果采用自助法反复抽样 300 次得到的结果如表 6.13 所示。

表 6.13　门槛效果检验

模型	F 值	P 值	临界值		
			1%	5%	10%
单一门槛	71.15	0.0000	21.2293	16.5871	14.8097
双重门槛	9.79	0.8367	154.57	127.9725	119.1139
三重门槛	10.39	0.8733	66.0793	49.9155	36.3947

我们发现单一门槛效果在 1% 水平上显著，双重门槛效果和三重门槛效果均不显著，对应的 P 值分别为 0.0000、0.8367 和 0.8733。因此我们选择单重门槛模型，估计门槛值与置信区间如表 6.14 所示。

表 6.14　门槛估计值与置信区间

模型	门槛估计值	95% 置信区间
单一门槛	2.1869	(2.1311, 2.8563)

表 6.14 给出了单一门槛模型对应的门槛值，其对应的是在 95% 置信水平上的置信区间。根据检验结果，我们选用单重门槛估计值进行分析并将门槛值设为 2.1869。根据门槛值 $\theta_1 = 2.1869$，将物化型技术进步分成两个区间，分别为 $\ln qi_{it} \leq 2.1869$、$\ln qi_{it} >$

2.1869，分别考察不同区间物化型技术进步对产出的影响。回归结果如表 6.15 所示。

表 6.15　门槛回归结果

变量	系数估计值	95% 置信区间	变量	系数估计值	95% 置信区间
$\ln qi$（$\ln qi_{it}$ $\leqslant 0.4076$）	1.8164*** (0.2638)	(1.2856, 2.3472)	$\ln ks$	0.2491*** (0.04379)	(0.1610, 0.3372)
$\ln qi$（$\ln qi_{it}$ > 0.4076）	4.0292*** (0.3587)	(3.3075, 4.7509)	$\ln l$	0.4791*** (0.0536)	(0.3712, 0.3712)
$\ln ke$	0.0001 (0.0096)	(−0.1004, 0.0711)	_cons	−3.4972*** (0.4520)	(−4.4065, −2.5878)

注：***、**、* 分别表示在 1%、5% 和 10% 水平上显著。

由表 6.15 可知，从产业层面来看，物化型技术进步对产出的影响为正值，且随着物化型技术进步的比重的提升，物化型技术进步对产出的影响具有梯度性，即当物化型技术进步 $qi \leqslant exp$（0.4076），物化型技术进步对产出的影响为 1.8164；当物化型技术进步 $qi > exp$（0.4076），物化型技术进步对产出的影响为 4.0292。这种关系和从地区层面考察的结果类似，但是从产业层面考察的物化型技术进步对产出增长的影响程度大于地区层面，即在产业层面上的物化型技术进步对产出的影响明显大于在地区层面上的物化型技术进步对经济增长的影响。这表明物化型技术进步在提升产业产出增长的过程中发挥的作用更大，当前需要依托物化型技术进步实现产业升级与经济增长协同发展。

利用面板向量自回归模型考察物化型技术进步对产出的影响，一方面对上述的正向影响做出稳健性检验；另一方面分析行业间物化型技术进步对产出影响的区别。

同样，首先确定模型滞后阶数，如表 6.16 所示。

表 6.16　最佳模型滞后期数的选择

滞后期数	MBIC	MAIC	MQIC
1	− 33.421 *	− 17.486 *	− 20.599 *
2	− 22.661	− 10.712	− 13.045
3	− 15.685	− 7.719	− 9.2744
4	− 7.5229	− 3.539	− 4.3174

由表 6.16 所示，根据信息准则最小的原则，无论是 MBIC 信息准则还是 MAIC、MQIC 信息准则，最佳滞后模型的阶数均为 1，为此选用滞后一阶的 PVAR 模型。

二　模型估计结果

表 6.17　面板 VAR 模型 GMM 估计结果

被解释变量	行业	解释变量	系数估计值	标准差
lny	建筑业	L. lny	0.6998 ***	0.1189
		L. lnqi	0.7299 ***	0.3787
	农林牧渔业	L. lny	0.9812 ***	0.0558
		L. lnqi	− 0.2538	0.2636
	制造业	L. lny	0.7792	0.0485
		L. lnqi	1.1447 ***	0.3456
	金融业	L. lny	1.2023 ***	0.1033
		L. lnqi	− 1.0429 **	0.4059

注：***、**、* 分别表示在 1%、5% 和 10% 水平上显著。

由表 6.17 可知，四大产业物化型技术进步对产出的影响具有异质性特征。其中制造业物化型技术进步对产出的影响为 1.1447，具有显著的正向促进作用；建筑业次之，影响为 0. 7299；农林牧渔业物化型技术进步对产出的影响为 - 0. 2538，并不显著，金融业物化型技术进步的影响为 - 1. 0429，表明金融业物化型技术进步并不能促进行业产出的增加。综上，物化型技术进步对产出的正向影响作用在制造业中尤为明显，原因在于我国是制造业大国，要实现从制造业大国向制造业强国转变需要依赖物化型技术进步，提升技术效率，实现制造业产业转型升级。金融业物化型技术进步对产出的影响为负值，可能原因是金融业的发展受金融监管体制、金融市场环境等影响，物化型技术进步的提升会挤占资本利用率，降低产出。

综上，从分产业层面来看，物化型技术进步对经济增长的影响同样具有单重门槛特征，当物化型技术进步超过一定阈值时，物化型技术进步对经济增长的正向影响会递增，同样表现为梯度性。从分产业来看，制造业、建筑业、农林牧渔业、金融业产出水平对物化型技术进步的敏感性依次降低，表明资本密集型产业的物化型技术进步对经济增长的促进作用明显。

第四节　物化型技术进步对经济增长贡献测度

现有文献在估计物化型技术进步对经济增长的贡献时，几乎都基于 CD 生产函数，原因是产出增长率容易被分解成几个清晰的部分，经济含义比较易于理解。由于本书的生产函数为 CES，所以不适合再用 CD 生产函数估计各生产函数的收入份额。估计物化型技术进步时，本书基于 Sakellaris 和 Vijselaar（2005）的思想，物化型技术进步对经济增长的贡献计算方法为设备资本的产出份额乘以设备资本存量调整质量和未调整质量差值的增长率。本节利用全国1980～2016 年总产出、设备资本存量等数据时间序列计算。

一　设备资本产出份额的计算

根据公式（4.1）可知，α 的值为建筑资本的产出份额，据此也可计算出我国设备资本、技能劳动和非技能劳动总的产出份额。根据国内生产总值收入法可以得到我国劳动收入份额，从而推出我国设备资本收入份额。

图 6.4 是按照上述方法计算得出的 1980～2016 年我国设备资本收入份额。从图中可以看出，设备资本收入份额在 1980～1998 年基本稳定，波动不大，基本在 0.42 左右波动；1998～2007 年出现断崖式下降，最低降到 0.33 左右；从 2008 年开始又有回升；2016 年为 0.38 左右。我国设备投资逐年增加，而设备资本收入份额的变动反映的是设备资本的生产率的变动，或者说设备中技术进步即物化型技术进步的变动。

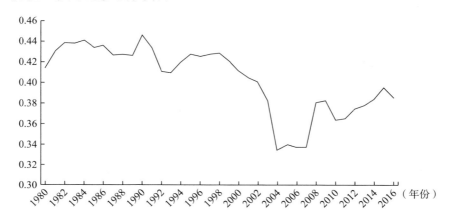

图 6.4　1980～2016 年我国设备资本收入份额估计值

二　物化型技术对经济增长贡献估计

根据第四章 $\bar{q}$ 估计值，可以计算出我国质量调整前后的设备资本存量，见表6.18中第（1）和第（2）列。第（3）列为调整前后设备资本存量差值，这个差值反映的是物化型技术进步导致的设备资本存量变动。资本质量提高以更多的量表示。第（4）列为调整前后差值的增长率。1991～1994年，增长率为负值，所以删去。第（5）列为设备资本收入份额。第（6）列为设备资本质量调整前后差值的增长率乘以设备资本收入份额，即为物化型技术进步对经济增长贡献率。

表 6.18　物化型技术进步对经济增长贡献计算

年份	质量调整后的设备资本存量（单位：万亿元）(1)	未调整设备投资存量单位：（万亿元）(2)	质量调整前后差值（单位：万亿元）(3) = (1) - (2)	增长率(4)	设备资本收入份额(5)	对经济增长贡献率(6) = (4) * (5)
1980	17.50	18.15	− 0.65	—	0.41	—
1981	16.39	17.70	− 1.31	1.00	0.43	**0.43**
1982	15.95	17.98	− 2.03	0.55	0.44	**0.24**
1983	16.13	18.89	− 2.76	0.36	0.44	**0.16**
1984	17.33	21.09	− 3.76	0.36	0.44	**0.16**
1985	19.49	24.35	− 4.86	0.29	0.43	**0.13**
1986	23.37	28.99	− 5.62	0.16	0.44	**0.07**
1987	28.04	34.54	− 6.50	0.16	0.43	**0.07**
1988	33.61	41.04	− 7.42	0.14	0.43	**0.06**
1989	36.43	44.09	− 7.65	0.03	0.43	**0.01**

续表

年份	质量调整后的设备资本存量（单位：万亿元）（1）	未调整设备投资存量单位：（万亿元）（2）	质量调整前后差值（单位：万亿元）（3）＝（1）－（2）	增长率（4）	设备资本收入份额（5）	对经济增长贡献率（6）＝（4）＊（5）
1990	41.04	48.81	－7.77	0.02	0.45	**0.01**
1991	48.35	55.69	－7.35	—	0.43	—
1992	61.80	67.28	－5.48	—	0.41	—
1993	84.08	84.89	－0.80	—	0.41	—
1994	116.87	111.68	5.19	—	0.42	—
1995	144.70	135.03	9.67	0.86	0.43	**0.37**
1996	179.73	163.26	16.47	0.70	0.43	**0.30**
1997	228.40	200.39	28.02	0.70	0.43	**0.30**
1998	279.74	237.63	42.10	0.50	0.43	**0.22**
1999	333.39	274.70	58.69	0.39	0.42	**0.17**
2000	393.89	313.43	80.46	0.37	0.41	**0.15**
2001	466.42	357.49	108.94	0.35	0.40	**0.14**
2002	549.80	405.76	144.04	0.32	0.40	**0.13**
2003	678.68	475.64	203.03	0.41	0.38	**0.16**
2004	869.44	570.56	298.88	0.47	0.33	**0.16**
2005	1127.42	700.50	426.92	0.43	0.34	**0.15**
2006	1418.52	849.29	569.23	0.33	0.34	**0.11**
2007	1803.79	1036.41	767.38	0.35	0.34	**0.12**
2008	2394.33	1284.47	1109.85	0.45	0.38	**0.17**
2009	3132.05	1612.75	1519.31	0.37	0.38	**0.14**
2010	3797.17	1886.21	1910.96	0.26	0.36	**0.09**
2011	4760.42	2247.72	2512.70	0.31	0.37	**0.11**

年份	质量调整后的设备资本存量（单位：万亿元）（1）	未调整设备投资存量单位：（万亿元）（2）	质量调整前后差值（单位：万亿元）（3）=（1）-（2）	增长率（4）	设备资本收入份额（5）	对经济增长贡献率（6）=（4）*（5）
2012	5966.65	2696.44	3270.21	0.30	0.37	**0.11**
2013	7349.04	3211.92	4137.12	0.27	0.38	**0.10**
2014	8777.31	3743.22	5034.08	0.22	0.38	**0.08**
2015	10199.42	4300.68	5898.75	0.17	0.40	**0.07**
2016	11489.88	4802.08	6687.81	0.13	0.39	**0.05**

表6.18最后一列数据显示，我国物化型技术进步对经济增长贡献1980～1990年波动较大，幅度为0.01～0.43，平均数为0.13；1995～2016年，物化型技术进步对经济增长贡献率振动幅度越来越小，幅度为0.05～0.37，平均值为0.15。可知物化型技术进步对经济增长的贡献1995～2016年为15%左右。物化型技术进步对经济增长贡献率减少说明近年来我国对设备资本质量提高速度减缓，设备资本收入份额占比减少，设备资本生产率在大规模投资后没有显著提高。

在世界各国陷入经济增长困境后，我国也面临相同的问题，近几年也在出台各种措施保增长。在经过大规模基础设施投资后，增长效果差强人意。在近些年的大规模投资后，基础设施建设有显著成果，但是提高资本生产率，推动经济增长效果不甚明显。尤其是在提高生产性设备投资领域，效果依旧不是很显著。设备资本对经济增长的贡献开始下降，从估计结果看，1995～2016年物化型技术进步对经济增长的贡献有周期性，但是波动幅度减小，说明需要加大设备投资，加大研发力度，提高物化型技术进步对经济增长的贡献，这也正和我国 2018 年底提出的"稳投资"政策相吻合。保证投资质量，提高资本的技术含量，大力发展物化型技术进步对促进经济增长至关重要。

第五节　本章小结

本章综合运用马尔科夫向量自回归模型和面板向量自回归模型及面板门槛回归模型等方法，系统地考察物化型技术进步与经济增长之间的动态关联影响。

经济增长与物化型技术进步增速存在协同发展的双区制动态变化特征，物化型技术进步与经济增长的关联随着区制转移而发生变化。在两区制内物化型技术进步与经济增长增速之间的相关关系均为正相关，但是在区制 1 内的正相关关系要强于在区制 2 内的正相关关系，说明在低速增长区制内，物化型技术进步对经济增长的影响程度更强。因此，当经济增长速度放缓时，需加快自主研发，增强物化型技术进步对经济增长的驱动力。对比分析区制转移概率和预测概率，结果发现，在区制 1 内，对应的标准差较小，在区制 2 内，对应的标准差较大，为此，在低速增长区制内波动较小，在高速增长区制内波动较大。因此在经济增速较快时，要注重防范和规避各类风险，同时，基于预测概率可知，物化型技术进步与经济增长增速的相关关系在很长时间内将维持在高速增长区制内。分地区研究发现，物化型技术进步对经济增长的影响具有单重门槛特征，当物化型技术进步超过一定阈值时，物化型技术进步对经济增长的正向影响会递增，即表现为梯度性，因为当物化型技术进步超过阈值，便会形成规模效应，加速经济增长。分地区看，东部、中部、西部地区物化型技术进步对经济增长的敏感性逐渐递增，原因是资源的稀缺性加大经济增长对物化型技术进步的敏感程度。从分产业层面来看，物化型技术进步对经济增长的影响同样具有单重门槛特征，当物化型技术进步超过一定阈值时，物化型技术进步对经济增长的正向影响会递增，同样表现为梯度性。分产业来看，制造业、建筑业、农林牧渔业、金融业产出水平对物化型技术进步的敏感性依次降低，表明劳动密集型产业的物化型技术进步对经济增长的促进作用明显。

物化型技术进步对经济增长贡献具有周期波动性，1980～1990 年为一个周期，1995～2016 年为另一个周期，物化型技术进步对经济增长的贡献在每个周期内表现为下降趋势。1980～1990年，我国物化型技术进步对经济增长贡献率最高达到 43%，平均值为 13%；1995～2016 年最高达到 37%，均值为 15%。1995～2016 年，物化型技术进步对经济增长贡献的平均值高于 1980～1990 年，且波动幅度显著降低。

第七章
结论与政策建议

第一节　研究结论

　　物化型技术进步主要通过投资先进机器设备获得，在中国经济发展模式以大规模投资为主要形式的前提下，投资先进机器设备以提高产出效率似乎与中国发展模式更加契合。单纯通过扩大规模报酬，以及重复投资都无法为经济产出增长提供有效的支撑和保障。有效投资更注重质量和效率，而投资的质量和效率体现在资本的技术含量上，本书通过对我国物化型技术进步及其对经济增长影响的研究，得出以下结论。

　　首先，本书基于资本质量改进思想，构建包含建筑资本与设备资本的嵌套 CES 生产函数，演绎物化型技术进步与经济增长的关系，并进一步利用非线性似不相关回归模型对我国不同地区、不同行业资本质量指数即物化型技术进步进行测算。为验证非线性似不相关回归模型估计结果的稳定性，采用异质性劳动投入测算我国 1980～2016 年的资本质量指数，采用劳动者数量和劳动工资作为劳动投入变量的测算结果都显示，非线性似不相关回归模型对中国资本质量指数的测算具有稳定性。进一步研究结果显示以下三点。一是一国经济增长受资本边际效率、物化型技术进步、建筑资本与设备资本生产能力以及中性技术进步的影响。伴随经济的快速发展，固定资产投资中设备投资比重逐年攀升，我国物化型技术进步增长明显。二是各行业物化型技术进步逐年提高，但存在差异，农林牧渔业物化型技术进步最小，金融业物化型技术进步最大。三是福建、江苏、北京、山东、上海、宁夏、重庆、四川、河南、江西 10 个省份设备资本投资占地区生产总值比重较高，由此带来的物化型技术进步明显。经济较为发达的广东、浙江等地区设备投资占地区生产总值比重低，劳动报酬的收入份额较高，物化型技术进步并不显著。综合来看，我国物化型技术进步逐年提高，但各行业和各地区物化型技术进步强度差异明显，行业之间和地区之间差距较大，且差距有不断扩大的趋势。

其次，本书利用面板数据固定效应模型、面板校正标准差模型及分位数回归模型，研究设备资金投入、自主研发和国外技术溢出对物化型技术进步的影响。研究结果发现以下三点。第一，设备资金投入及设备工具购置额对物化型技术进步总体具有正向促进作用，但是在物化型技术进步的不同分位数上呈波浪形规律。设备投资在不同地区对物化型技术进步弹性不同，东部地区弹性不显著，中西部地区设备投入对物化型技术进步弹性显著且中部地区弹性值大于西部地区弹性值；不同设备投入规模和不同时间、区间设备投入对物化型技术进步弹性亦有差异，高设备资本投入组及 2006 年之前设备投资对物化型技术进步具有显著的促进作用。第二，总体来看，自主创新对物化型技术进步具有正向的促进作用。分位数回归结果显示，在90%分位数之前，自主创新对物化型技术进步弹性值变化较小，但是在90%分位数之后，回归弹性迅速上升，打破了研发投入对资本质量指数边际效应递减规律。东部地区研发投入对物化型技术进步具有正向促进作用，中西部地区研发投入对物化型技术进步提高没有显著影响。以研发投入均值为划分依据的回归结果显示，研发投入对资本质量指数弹性均为正值且显著，但研发投入高于均值组的弹性要远远大于研发投入低于均值组的弹性。以时间、区间划分的回归结果显示，2007～2016年研发投入对资本质量指数的弹性高于1997～2006年的弹性，但是提高不明显，说明在20年间我国研发投入对资本质量的提高作用没有显著提升。第三，外商直接投资对资本质量指数及其分位数回归估计值均为负值，且资本质量指数越高的地区，外商直接投资对物化型技术进步的抑制作用越强。从时间趋势看，1997～2006年外商直接投资对资本质量指数弹性同样为负值，但2007～2016年，外商直接投资对我国资本质量指数影响不显著。

最后，利用MS-VAR模型研究物化型技术进步和经济增长关系，研究发现以下六个方面。第一，经济增长与物化型技术进步增速存在协同发展的双区制动态变化特征，物化型技术进步与经济增长的关联随着区制转移而发生变化。在两区制内物化型技术进步与经济增长增速之间正向相关，但是在低速增长区制内的正向相关强度要强于在高速增长区制内。第二，对比分析区制转移概率和预测概率，结果发现，在低速增长区制内，物化型技术进步标准差较小，在高速增长区制内，物化型技术进步标准差较大，即在低速增长区制内物化型技术进步波动较小，在高速增长区制内，波动较大。同时，基于预测概率可知，物化型技术进步与经济增长增速将在较长时间内维持在高速增长区制内。第三，物化型技术进步对经济增长的影响具有单重门槛特征，当物化型技术进步超过一定阈值时，物化型技术进步对经济增长的正向影响会递增，即表现出梯度性。当物化型技术进步超过阈值，形成规模效应，会加速经济增长。第四，分地区看，不同地区物化型技术进步对经济增长的敏感度存在较大差异，东部、中部、西部地区物化型技术进步对经济增长的敏感性逐渐递增。第五，分产业层面来看，物化型技术进步对经济增长的影响具有单重门槛特征，当物化型技术进步超过一定阈值时，其对经济增长的正向影响会递增。制造业、建筑业、农林牧渔业、金融业产出水平对物化型技术进步的敏感性依次降低，表明劳动密集型产业的物化型技术进步对经济增长的促进作用明显。第六，从时间趋势来看，物化型技术进步对我国经济增长贡献存在周期波动性，但波动幅度有减小趋势，1980～1990年物化型技术进步对经济增长的贡献率为13%，1995～2016年对经济增长的贡献率为15%，表明近年来我国物化型技术进步对经济增长的贡献率总体有提高趋势。

第二节　政策建议

第一，生产经营中重视资本质量，努力提高物化型技术进步。在经济增长下行压力比较大的情况下，投资仍然是促进经济增长的有效方式。投资的领域和导向成为重中之重。蕴含物化型技术进步的设备的生产率高于其他耐用商品，对新型设备进行投资将提高资本产出率，在大规模投资前提下能够最大限度地避免资本投资的规模报酬递减效应，这是稳定经济增长、保证投资效率最有效的方式。因此国家和地方应通过政策引导投资向高技术、新型设备投资领域发展，对购置新设备给予政策和税收优惠，大力推广使用有利于提高生产率的设备工器具。通过设备投资不断提高我国生产过程中的资本质量，利用高质量的设备投资保证产出质量稳定增长。物化型技术进步是我国经济增长的重要来源，通过对蕴含技术进步的新型设备进行投资，快速提高我国生产服务质量，提高人民生活的便利性及舒适性。

我国农林牧渔业占国内生产总值比重不断下降，从业人数也在减少，在这种情况下，应该从提高农林牧渔业机械化和现代化水平这一方向入手推动我国农林牧渔业发展。当前农林牧渔业的中性技术进步水平较高，物化型技术进步水平偏低，鼓励对先进农业机械设备进行投资是发展现代农业的必经之路。在土地经营权相对集中的区域，利用先进的农业设备，能够有效地提高农业产出。投资先进的测绘和监测设备对林业和牧业生产效率的提高作用明显，渔业设备投资也将以物化型技术进步形式提高渔业生产率。对分散和资金小的农林牧渔业企业和农户，国家应该采取优惠贷款或是优惠租赁措施，帮助这些企业和农户进行设备改造和投资，达到提高农林牧渔业总产出的目的。建筑业也应该通过投资技术含量高的设备提高生产效率，也可以通过投资新型设备提高建筑产品质量。制造业是我国物化型技术进步的来源，各个行业和部门的先进设备都来源于制造业，因此我国制造业的发展不但关系到自身行业发展，也关乎全国物化型技术进步的发展。

以先进技术发展制造业对一个国家来说至关重要，这是多个发达国家在经济增长乏力后提出"再业化"战略的初衷。从物化型技术进步角度分析，一个国家的制造业水平，在很大程度上决定其他行业的生产效率。我国当前制造业物化型技术进步总体水平不高，技术达到世界水平的行业凤毛麟角，如高铁制造业，成为我国高技术产品输出的主体。由于制造业包含行业门类众多，应该根据不同行业和部门特点，制定适宜的发展策略。传统消费品生产行业可通过投资设备努力提高生产效率。对于设备制造业，尤其是技术含量高的行业，国家和地方应提供政策、资金和人才支持，优先和重点发展这类行业，保障这类行业资本质量的提高。同时对于生产耐用商品部门，尤其是生产性机械制造部门，这些部门的物化型技术进步和研发能力的提高对整个国家物化型技术进步的提高和发展起到决定性作用，这些部门的资本质量决定全社会的物化型技术进步来源和规模。金融业物化型技术进步水平在本书选取的四个行业中最高，原因是使用先进设备获得物化型技术进步。像金融业这种服务型行业应该继续加大设备投资力度，不断利用先进设备和科技进步提高服务水平，为企业和人民生产生活提供方便。

第二，正确认识设备投资和劳动力投入之间的替代性，稳定劳动力转移趋势。本书中全国、分地区、分行业的数据估计结果显示：设备资本投入对劳动投入都是可替代的。投资新的设备和工器具是获得物化型技术进步的唯一途径，投资新设备可提高生产和服务效率，但是设备投资增加必然导致劳动力投入相对减少。蕴含先进技术的设备对劳动形成替代，如对自动取款机、检票机的使用减少了银行和车站人员的投入。设备资本投入对劳动力的替代既包括技能劳动也包括非技能劳动，因此，物化型技术进步提高造成劳动力节约。在市场经济条件下，劳动要素自由流动必然造成一定程度的劳动力流动。根据本书估计结果，建筑业替代弹性最高，达到385。提高建筑业的物化型技术进步，必将导致建筑业就业人员减少，应该妥善解决劳动力流动与发展物化型技术进步的矛盾。一方面为提高生产效率需要发展物化型技术进步；另一方面，对新设备的使用将导致建筑业就业人员减少。建筑业是传统上安置就业人员比较多的行业，设备投资首先应该在危险和人力难以作业的领域投资，减少从业者发生意外的概率。政府和企业应该重视可提高生产效率的领域。对于因设备投资而造成的劳动力失业问题，政府和企业应该做到及时向相关失业者提供就业信息，安排他们在其他行业和部门就业。

物化型技术进步高的部门，设备资本对劳动的替代弹性较高，导致劳动力向替代率低的行业转移。这也和工业化进程一致，从第二产业转移出的劳动力通常到第三产业中就业，因此服务业应该积极创造就业机会，接受第二产业转移的劳动力。第一产业剩余劳动力转移到第二和第三产业，第二产业受物化型技术进步影响，也出现劳动力转移问题，导致第三产业的就业压力加大，在这种情况下，应该通过相应政策引导劳动力就业向农林牧渔业转移。第一产业发生劳动力转移的主要原因是农林牧渔业产出效率低，增加值增长缓慢，劳动报酬低。如果可以通过增加设备投资来提高农林牧渔业物化型技术进步，提高农业产出率，并在有条件地区推动现代化农业发展，这样既可提高农业生产率，又可解决建筑业等设备投资替代性高的行业的劳动力转移问题。

第三，加大设备资金和研发投入，促进物化型技术进步发展。设备投资是物化型技术进步的唯一来源，但是不同地区设备投资对物化型技术进步弹性不同。对于东部地区，项目投资重点应是高新技术产业、新型基础设施建设等能够提高经济和生活技术水平的领域。中部地区要对生产型设备加大投资力度，利用中部地区设备投资对物化型技术进步弹性高的优势，通过投入生产型设备，提高生产效率，促进产出增长。西部地区要加大对基础设施的投入力度，保证西部地区生产生活能够实现现代化，缩小西部地区生产和中、东部地区生产的差距。

研发投入作为中性技术进步的重要衡量指标，检验发现其对物化型技术进步也存在显著的促进作用。物化型技术进步的产生首先要把技术进步融合到新的设备中，也就是说新的设备的"新"表现在技术进步，而这种技术进步产生来源于科学研究。研发投入多，必将产生更多的技术融合到设备中，从而形成物化型技术进步。检验发现，研发投入在资本质量指数90%分位数之后弹性迅速上升，表明只有在资本质量较高的地区进行研发投入才更有效率。研发投入具有集聚效应，科学研究越发达的地区，研发投入的产出效率越高。因此，在我国资本质量较高的东部地区应多设立研发中心，通过各种活动或交流相互促进，实现资源共享，促进物化型技术进步发展。在设立研发中心时，资本质量最高的地区可以设立规模较大、相对集中的研发中心，但是也要注意技术扩散作用，在合适的地区设立辅助研发中心承接大研发中心技术扩散。是否能享受技术扩散带来的好处与研发中心的距离远近有关。本书研究发现我国资本质量指数相对下降是从我国最边缘的省份开始的，资本质量指数下降首先从黑龙江向吉林蔓延，从新疆向甘肃蔓延，因为这些地区离物化型技术进步最发达的东南沿海地区较远，甚至河北也随着时间变化资本质量指数开始相对下降，主要原因都是离科技研发中心较远，因此对于这种跨区域、跨省份的政策和技术，应该由国家来协调和出资，在资本质量高、研发能力突出的省份与边缘省份中间建立研发中继站，承接物化型技术进步高的地区的研发，并推广到物化型技术进步不发达地区。在西部地区直接利用东部沿海地区的技术溢出，这对西部地区的发展来说更加有利。根据物化型技术进步理论制定"稳投资"政策，是实现投资效率提升的有力保障。

第四，对外商直接投资项目进行筛选，鼓励其投向新设备投资领域。当前外商直接投资额在多地表现为逐年下降趋势，而且在近 20 年中，外商直接投资对我国物化型技术进步也表现为抑制作用，主要是其投资领域和方式没有以设备和高技术投资为主造成的。当前外商投资多集中在劳动密集型产业，这直接提高了我国劳动报酬占产出的比例，因此抑制了物化型技术进步的发展。高新技术本身就是一个国家或者一个企业需要保密的对象，让外商直接对高新技术和最新的设备进行投资似乎不现实，因此政府要通过政策引导，吸引外商向我国设备资本和技术较高的行业投资。只要技术不涉及国家安全，可以与国外企业或政府通力合作，共享信息资源，共同推进我国物化型技术进步的发展。

第五，正确认识物化型技术进步对经济增长的作用。研究发现在经济增长慢的地区物化型技术进步对经济增长的作用高于经济发达地区。经济增长慢的地区，可以通过加大设备投资力度，购买先进设备提高本地资本产出效率，但无法通过多投入劳动力来替代。当经济不发达地区拒绝设备投资和试图通过加大劳动投入提高产出时，这将导致劳动边际生产率下降。因此经济不发达地区只能通过加大设备投资力度促进经济增长。当地政府也应该对设备购买和使用进行干预，推动新设备投资的发展。物化型技术进步对经济增长的影响在高速增长区制内的标准差大于在低速增长区制内的标准差。因此在经济增长快的地区，研发投入时应慎重选择和评估投资的可行性和合理性，防范研发风险和投资风险，减少投资损失。研发投入和购置先进设备本身就风险极大，研发成功概率和先进设备使用成功概率均影响物化型技术进步对经济增长的促进效果，并非投资和购置设备一定能够促进经济增长。

第六，合理利用物化型技术进步的门槛效应，努力突破门槛值，形成物化型技术进步的规模效应。物化型技术进步较低时对地区产出增长的影响比较微弱甚至还可能会抑制经济发展，尤其是在短期内。这就要求各地区根据自身的特点和经济实力，加大设备投资力度，努力突破设备投资和物化型技术进步的门槛值，推动物化型技术进步成为经济增长的动力。尤其是经济增长较低的地区，长期缺乏先进设备投资，单纯依靠投入大量劳动力，造成了经济增长乏力的恶性循环，只有增加设备投资，减少劳动力投入，才有可能找到新的经济增长支撑。

第七，基于物化型技术进步特征制定产业政策，调整产业结构，优先发展制造业。我国制造业物化型技术进步对产出的影响最高，因此各地区在制定稳定经济增长政策时，要优先保证制造业的发展，不仅要保障制造业在整个第二产业的优势地位，也要保障其在整个三次产业中的地位。有些地方政府把发展第三产业作为重点，长期内必将导致经济增长动力的缺失。当前经济发展不是通过要素投入推动的，而是通过技术进步推动的。物化型技术进步的来源在制造业，使用的领域可能在第一产业，也可能在第三产业，但是这些产业的发展都是物化型技术进步作用的结果，而不是技术进步产生的原因。物化型技术进步的来源如果没有得到保障和优先发展，必将影响物化型技术进步的产生和经济增长效率的发挥，也将影响各行业、各地区资本质量的提高。所以各地区无论产业结构如何，支柱产业是什么，都要强调制造业发展的重要性，尤其是生产耐用商品和技术密集型的行业更要强调。

参考文献

[1] 柏培文:《全国及省际人力资本水平存量估算》,《厦门大学学报》(哲学社会科学版)2012年第4期。

[2] 包群、赖明勇:《中国外商直接投资与技术进步的实证研究》,《经济评论》2002年第6期。

[3] 曹吉云:《我国总量生产函数与技术进步贡献率》,《数量经济技术经济研究》2007年第11期。

[4] 曹平:《中美日三国经济增长质量比较:基于技术进步的角度》,《经济理论与经济管理》2010年第6期。

[5] 车松:《实物资本、资本体现式技术进步与经济增长的关系研究》,《财经理论研究》2013年第2期。

[6] 陈国宏、王吓忠:《技术创新、技术扩散与技术进步关系新论》,《科学学研究》1995年第4期。

[7] 陈欢、王燕:《国际贸易与中国技术进步方向——基于制造业行业的经验研究》,《经济评论》2015年第3期。.

[8] 陈欢、王燕、周密:《中国制造业资本体现式技术进步及行业差异性研究》,《科学学研究》2017年第2期。

[9] 陈卫平:《中国农业生产率增长、技术进步与效率变化:

1990～2003 年》，《中国农村观察》2006 年第 1 期。

[10] 陈勇、李小平：《中国工业行业的技术进步与工业经济转型——对工业行业技术进步的 DEA 法衡量及转型特征分析》，《管理世界》2007 年第 6 期。

[11] 陈勇、唐朱昌：《中国工业的技术选择与技术进步：1985～2003》，《经济研究》2006 年第 9 期。

[12] 陈宇峰等：《技术偏向与中国劳动收入份额的再考察》，《经济研究》2013 年第 6 期。

[13] 陈宗胜、黎德福：《内生农业技术进步的二元经济增长模型——对"东亚奇迹"和中国经济的再解释》，《经济研究》2004 年第 11 期。

[14] 程大中：《中国服务业的增长与技术进步》，《世界经济》2003 年第 7 期。

[15] 戴天仕、徐现祥：《中国的技术进步方向》，《世界经济》2010 年第 11 期。

[16] 邓明：《人口年龄结构与中国省际技术进步方向》，《经济研究》2014 年第 3 期。

[17] 丁建勋：《资本体现式技术进步和 TFP 对节能降耗影响分析》，《经济研究导刊》2009 年第 23 期。

[18] 丁建勋、仪姗：《资本结构、体现式技术进步与我国增长悖论》，《西部论坛》2018 年第 4 期。

[19] 丁建勋、仪姗：《资本体现式技术进步、劳动收入份额与我国居民消费率》，《消费经济》2018 年第 5 期。

[20] 董书礼：《跨国公司在华设立研发机构与我国产业技术进步》，《中国科技论坛》2004 年第 2 期。

［21］ 董直庆、蔡啸、王林辉：《技能溢价：基于技术进步方向的解释》，《中国社会科学》2014 年第 10 期。

［22］ 董直庆、戴杰、陈锐：《技术进步方向及其劳动收入分配效应检验》，《上海财经大学学报》（哲学社会科学版）2013 年第 5 期。

［23］ 董直庆、王林辉：《我国经济增长来源——来自资本体现式技术进步的经验证据》，《吉林大学社会科学学报》2010 年第 4 期。

［24］ 董直庆、王林辉：《资本体现式技术进步与经济增长周期波动关联效应》，《求是学刊》2011 年第 2 期。

［25］ 杜丽、高帅雄：《资本体现式技术进步、资本深化与经济增长》，《产业组织评论》2017 年第 3 期。

［26］ 方文全：《中国的资本回报率有多高？——年份资本视角的宏观数据再估测》，《经济学》（季刊）2012 年第 2 期。

［27］ 冯泰文、孙林岩、何哲：《技术进步对中国能源强度调节效应的实证研究》，《科学学研究》2008 年第 5 期。

［28］ 付宇、王林辉、蔡啸：《农业资本体现式技术进步及其影响因素分析——以吉林省为例》，《社会科学战线》2013 年第 7 期。

［29］ 付宇、王林辉、蔡啸：《农业资本体现式技术进步及其影响因素——来自吉林省的经验证据》，《当代经济研究》2013 年第 8 期。

［30］ 傅元海、唐未兵、王展祥：《FDI 溢出机制、技术进步路径与经济增长绩效》，《经济研究》2010 年第 6 期。

［31］ 傅元海、叶祥松、王展祥：《制造业结构优化的技术进步路

径选择——基于动态面板的经验分析》,《中国工业经济》
2014 年第 9 期。

[32] 樊纲、王小鲁、朱恒鹏:《中国市场化指数:各地区市场化
相对进程 2011 年报告》,经济科学出版社,2011。

[33] 顾焕章、王培志:《农业技术进步对农业经济增长贡献的定
量研究》,《农业技术经济》1994 年第 5 期。

[34] 关峻:《资本体现式和非体现式技术进步的经济驱动力比
较——基于能源技术进步的视角》,《北京工商大学学报》
(社会科学版)2013 年第 4 期。

[35] 侯玮迪、丁建勋、仪姗:《资本体现式技术进步率的变动趋
势与我国增长悖论》,《商业经济研究》2018 年第 20 期。

[36] 黄季焜:《技术进步和农业生产发展的原动力——水稻生产
力增长的分析》,《农业技术经济》1993 年第 6 期。

[37] 黄先海、刘毅群:《设备投资、体现型技术进步与生产率增
长:跨国经验分析》,《世界经济》2008 年第 4 期。

[38] 黄先海、刘毅群:《物化型技术进步与我国工业生产率增
长》,《数量经济技术经济研究》2006 年第 4 期。

[39] 黄先海、徐圣:《中国劳动收入比重下降成因分析——基于
劳动节约型技术进步的视角》,《经济研究》2009 年第 7 期。

[40] 黄耀宇:《我国装备制造业技术进步研究》,《合作经济与科
技》2019 年第 6 期。

[41] 黄玉珍、黄金亮、葛春梅、程克明、董大忠:《技术进步是
推动美国页岩气快速发展的关键》,《天然气工业》2009 年
第 5 期。

[42] 黄志斌、郑滔、李绍华:《资本折旧政策对投资影响的区域

差异研究——以基础工业行业为例》,《审计与经济研究》2014 年第 2 期。

[43] 江兵、张承谦:《企业技术进步的 DEA 分析与实证研究》,《系统工程理论与实践》2002 年第 7 期。

[44] 江小涓:《吸引外资对中国产业技术进步和研发能力提升的影响》,《国际经济评论》2004 年第 2 期。

[45] 江小涓、李蕊:《FDI 对中国工业增长和技术进步的贡献》,《中国工业经济》2002 年第 7 期。

[46] 蒋青青:《湖北省资本体现型技术进步测量探讨》,《现代商贸工业》2013 年第 17 期。

[47] 蒋仁爱、冯根福:《贸易、FDI、无形技术外溢与中国技术进步》,《管理世界》2012 年第 9 期。

[48] 焦斌龙、焦志明:《中国人力资本存量估算:1978~2007》,《经济学家》2010 年第 9 期。

[49] 匡远凤:《技术效率、技术进步、要素积累与中国农业经济增长——基于 SFA 的经验分析》,《数量经济技术经济研究》2012 年第 1 期。

[50] 雷钦礼:《偏向性技术进步的测算与分析》,《统计研究》2013 年第 4 期。

[51] 李婕、张兰婷:《农业前沿技术进步、技术效率和农民增收》,《世界农业》2019 年第 2 期。

[52] 李平、钱利:《进口贸易与外国直接投资的技术溢出效应——对中国各地区技术进步的实证研究》,《财贸研究》2005 年第 6 期。

[53] 李琦:《经济转型、资本体现型技术进步与要素收入分配》,

《学海》2016 年第 5 期。

[54] 李小平、卢现祥、朱钟棣：《国际贸易、技术进步和中国工业行业的生产率增长》，《经济学》（季刊）2008 年第 2 期。

[55] 李扬：《中国经济发展的新阶段》，《财贸经济》2013 年第 11 期。

[56] 梁琦、詹亦军：《地方专业化、技术进步和产业升级：来自长三角的证据》，《经济理论与经济管理》2006 年第 1 期。

[57] 林毅夫、刘培林：《经济发展战略对劳均资本积累和技术进步的影响——基于中国经验的实证研究》，《中国社会科学》2003 年第 4 期。

[58] 刘凤朝、沈能：《金融发展与技术进步的 Geweke 因果分解检验及协整分析》，《管理评论》2007 年第 5 期。

[59] 刘辉：《物化技术进步使就业增长呈波动式上升的机理与实证分析》，《科技管理研究》2011 年第 18 期。

[60] 刘进宝、刘洪：《农业技术进步与农民农业收入增长弱相关性分析》，《中国农村经济》2004 年第 9 期。

[61] 刘凯敏、朱钟棣：《我国对外直接投资与技术进步关系的实证研究》，《亚太经济》2007 年第 1 期。

[62] 刘伟、蔡志洲：《技术进步、结构变动与改善国民经济中间消耗》，《经济研究》2008 年第 4 期。

[63] 刘伟、张辉：《中国经济增长中的产业结构变迁和技术进步》，《经济研究》2008 年第 11 期。

[64] 陆铭、陈钊：《分割市场的经济增长——为什么经济开放可能加剧地方保护?》，《经济研究》2009 年第 3 期。

[65] 马宇、王竹芹：《房地产投资、体现型技术进步与经济增长

质量——基于我国省际面板数据的实证研究》，《云南财经大学学报》2014 年第 4 期。

[66] 钱水土、周永涛：《金融发展、技术进步与产业升级》，《统计研究》2011 年第 1 期。

[67] 乔红芳、沈利生：《中国人力资本存量的再估算：1978～2011 年》，《上海经济研究》2015 年第 7 期。

[68] 冉光和、曹跃群：《资本投入、技术进步与就业促进》，《数量经济技术经济研究》2007 年第 2 期。

[69] 任若恩、刘晓生：《关于中国资本存量估计的一些问题》，《数量经济技术经济研究》1997 年第 1 期。

[70] 邵军、徐康宁：《转型时期经济波动对我国生产率增长的影响研究》，《经济研究》2011 年第 12 期。

[71] 邵帅、杨莉莉：《自然资源开发、内生技术进步与区域经济增长》，《经济研究》2011 年第 12 期。

[72] 申冬冬、李桂：《农业技术进步与我国粮食生产产量关系的实证研究——基于 2009～2015 年 31 个省级面板数据的分析》，《河南工程学院学报》（社会科学版）2019 年第 1 期。

[73] 沈利生、王恒：《增加值率下降意味着什么》，《经济研究》2006 年第 3 期。

[74] 沈利生：《从投资比重上升看经济增长质量》，《宏观经济研究》2011 年第 1 期。

[75] 沈小波、林伯强：《中国工业部门投入体现的和非体现的技术进步》，《数量经济技术经济研究》2017 年第 5 期。

[76] 舒元、才国伟：《我国省际技术进步及其空间扩散分析》，《经济研究》2007 年第 6 期。

［77］ 宋冬林、王林辉、董直庆：《技能偏向型技术进步存在吗？——来自中国的经验证据》，《经济研究》2010 年第 5 期。

［78］ 宋冬林、王林辉、董直庆：《资本体现式技术进步及其对经济增长的贡献率（1981～2007）》，《中国社会科学》2011 年第 2 期。

［79］ 宋冬、王林辉、董直庆、Lin Hong《资本体现式技术进步及其对经济增长的贡献率（1981～2007）》（英文），《Social Sciences in China》2012 年第 4 期。

［80］ 宋马林、王舒鸿：《环境规制、技术进步与经济增长》，《经济研究》2013 年第 3 期。

［81］ 孙克：《中国资本体现式技术进步估计》，《经济科学》2011 年第 3 期。

［82］ 孙焱林、温湖炜：《中国省际技术进步偏向测算与分析：1978～2012 年》，《中国科技论坛》2014 年第 11 期。

［83］ 唐未兵等：《技术创新、技术引进与经济增长方式转变》，《经济研究》2014 年第 7 期。

［84］ 田刚、李南：《中国物流业技术进步与技术效率研究》，《数量经济技术经济研究》2009 年第 2 期。

［85］ 万东华：《进入新阶段 客观看增速》，《中国信息报》2014 年 4 月 22 日，第 1 版。

［86］ 万兴、范金、胡汉辉：《江苏制造业 TFP 增长、技术进步及效率变动分析——基于 SFA 和 DEA 方法的比较》，《系统管理学报》2007 年第 5 期。

［87］ 王班班、齐绍洲：《有偏技术进步、要素替代与中国工业能源强度》，《经济研究》2014 年第 2 期。

［88］王飞：《外商直接投资促进了国内工业企业技术进步吗？》，《世界经济研究》2003 年第 4 期。

［89］王付彪、阙超、沈谦、陈永春：《我国商业银行技术效率与技术进步实证研究（1998～2004）》，《金融研究》2006 年第 8 期。

［90］王俊松、贺灿飞：《技术进步、结构变动与中国能源利用效率》，《中国人口·资源与环境》2009 年第 2 期。

［91］王林辉、董直庆：《我国资本体现式和非体现式技术进步贡献率——来自纺织业的经验证据》，《财经研究》2010 年第 8 期。

［92］王林辉、董直庆：《资本体现式和中性技术进步路径选择：基于我国制造业面板数据的实证检验》，《东北师大学报》（哲学社会科学版）2010 年第 6 期。

［93］王林辉、董直庆：《资本体现式技术进步、技术合意结构和我国生产率增长来源》，《数量经济技术经济研究》2012 年第 5 期。

［94］王林辉、董直庆、刘宇清：《劳动收入份额与技术进步偏向性》，《东北师大学报》（哲学社会科学版）2013 年第 3 期。

［95］王林辉、韩丽娜：《技术进步偏向性及其要素收入分配效应》，《求是学刊》2012 年第 1 期。

［96］王林辉、宋冬林、董直庆：《资本体现式技术进步及其对经济增长的贡献率：一个文献综述》，《经济学家》2009 年第 12 期。

［97］王林辉、赵景：《技术进步偏向性及其收入分配效应：来自地区面板数据的分位数回归》，《求是学刊》2015 年第 4 期。

［98］ 王洛林、江小涓、卢圣亮：《大型跨国公司投资对中国产业结构、技术进步和经济国际化的影响（上）——以全球 500 强在华投资项目为主的分析》，《中国工业经济》2000 年第 4 期。

［99］ 王洛林、江小涓、卢圣亮：《大型跨国公司投资对中国产业结构、技术进步和经济国际化的影响（下）——以全球 500 强在华投资项目为主的分析》，《中国工业经济》2000 年第 5 期。

［100］ 王明利、吕新业：《我国水稻生产率增长、技术进步与效率变化》，《农业技术经济》2006 年第 6 期。

［101］ 王琴英：《经济增长因素中体现型和非体现型技术进步作用的分析与测算》，《统计与决策》2001 年第 3 期。

［102］ 王士香、董直庆：《资本体现式技术进步视角下的资本质量提升》，《东北师大学报》（哲学社会科学版）2015 年第 3 期。

［103］ 王玺、张勇：《关于中国技术进步水平的估算——从中性技术进步到体现式技术进步》，《中国软科学》2010 年第 4 期。

［104］ 王晓芳、谢贤君、孙博文：《区域一体化的技术进步效应路径研究——基于长江经济带的经验数据》，《华东经济管理》2019 年第 2 期。

［105］ 王永进、盛丹：《要素积累、偏向型技术进步与劳动收入占比》，《世界经济文汇》2010 年第 4 期。

［106］ 王玉燕、林汉川、吕臣：《全球价值链嵌入的技术进步效应——来自中国工业面板数据的经验研究》，《中国工业经

济》2014 年第 9 期。

[107] 吴延兵：《用 DEA 方法评测知识生产中的技术效率与技术进步》，《数量经济技术经济研究》2008 年第 7 期。

[108] 吴有红：《关注资本体现式技术进步》，《中国投资》2015 年第 1 期。

[109] 肖文、林高榜：《海外研发资本对中国技术进步的知识溢出》，《世界经济》2011 年第 1 期。

[110] 徐涛：《引进 FDI 与中国技术进步》，《世界经济》2003 年第 10 期。

[111] 徐瑛、陈秀山、刘凤良：《中国技术进步贡献率的度量与分解》，《经济研究》2006 年第 8 期。

[112] 许阳千：《基于资本体现式技术进步的广西经济源增长分析》，《广西经济管理干部学院学报》2014 年第 3 期。

[113] 严兵：《效率增进、技术进步与全要素生产率增长——制造业内外资企业生产率比较》，《数量经济技术经济研究》2008 年第 11 期。

[114] 严成樑：《社会资本、创新与长期经济增长》，《经济研究》2012 年第 11 期。

[115] 颜鹏飞、王兵：《技术效率、技术进步与生产率增长：基于 DEA 的实证分析》，《经济研究》2004 年第 12 期。

[116] 杨博野：《三问"稳投资"》，《浙江经济》2018 年第 24 期。

[117] 杨春、陆文聪：《中国玉米生产率增长、技术进步与效率变化：1990～2004 年》，《农业技术经济》2007 年第 4 期。

[118] 杨立岩、王新丽：《人力资本、技术进步与内生经济增长》，《经济学》（季刊）2004 年第 3 期。

[119] 杨文举：《技术效率、技术进步、资本深化与经济增长：基于 DEA 的经验分析》，《世界经济》2006 年第 5 期。

[120] 杨先明、秦开强：《物化性技术进步与索洛增长核算悖论》，《财经科学》2015 年第 8 期。

[121] 姚耀军：《金融中介发展与技术进步——来自中国省级面板数据的证据》，《财贸经济》2010 年第 4 期。

[122] 姚战琪、夏杰长：《资本深化、技术进步对中国就业效应的经验分析》，《世界经济》2005 年第 1 期。

[123] 易纲、樊纲、李岩：《关于中国经济增长与全要素生产率的理论思考》，《经济研究》2003 年第 8 期。

[124] 殷德生、唐海燕：《技能型技术进步、南北贸易与工资不平衡》，《经济研究》2006 年第 5 期。

[125] 余建斌、乔娟、龚崇高：《中国大豆生产的技术进步和技术效率分析》，《农业技术经济》2007 年第 4 期。

[126] 余淼杰：《中国的贸易自由化与制造业企业生产率》，《经济研究》2010 年第 12 期。

[127] 余修斌、任若恩：《全要素生产率、技术效率、技术进步之间的关系及测算》，《北京航空航天大学学报》（社会科学版）2000 年第 2 期。

[128] 袁珮：《技术冲击下的投资效率问题研究》，《宏观经济研究》2013 年第 5 期。

[129] 岳书敬、刘朝明：《人力资本与区域全要素生产率分析》，《经济研究》2006 年第 4 期。

[130] 张保胜：《技术收敛与经济收敛的匹配性——基于技术进步体现观的分析》，《商丘师范学院学报》2015 年第 1 期。

[131] 张成、陆旸、郭路、于同申：《环境规制强度和生产技术进步》，《经济研究》2011 年第 2 期。

[132] 张帆、李娜、董松柯：《技术进步扩大收入差距亦或缩小收入差距——基于 DEA 及面板数据的实证分析》，《软科学》2019 年第 2 期。

[133] 张晖明、丁娟：《论技术进步、技术跨越对产业结构调整的影响》，《复旦学报》（社会科学版）2004 年第 3 期。

[134] 张军、章元：《对中国资本存量 K 的再估计》，《经济研究》2003 年第 7 期。

[135] 张莉、李捷瑜、徐现祥：《国际贸易、偏向型技术进步与要素收入分配》，《经济学》（季刊）2012 年第 2 期。

[136] 张平等：《中国经济长期增长路径、效率与潜在增长水平》，《经济研究》2012 年第 11 期。

[137] 张平等：《资本化扩张与赶超型经济的技术进步》，《经济研究》2010 年第 5 期。

[138] 张平等：《资本化扩张与赶超型经济的技术进步》，《经济研究》2010 年第 5 期。

[139] 张舒婷：《资本体现式技术进步与投资结构偏向效应检验》，吉林大学 2012 年硕士论文，2012。

[140] 张勇、古明明：《再谈中国技术进步的特殊性——中国体现式技术进步的重估》，《数量经济技术经济研究》2013 年第 8 期。

[141] 张宇、蒋殿春：《FDI、产业集聚与产业技术进步——基于中国制造行业数据的实证检验》，《财经研究》2008 年第 1 期。

[142] 章玉贵：《今日中国经济面临的最大挑战》，《国土资源导刊》2013 年第 3 期。

[143] 章元、许庆、邬璟璟：《一个农业人口大国的工业化之路：中国降低农村贫困的经验》，《经济研究》2012 年第 11 期。

[144] 赵伟、古广东、何元庆：《外向 FDI 与中国技术进步：机理分析与尝试性实证》，《管理世界》2006 年第 7 期。

[145] 赵芝俊、袁开智：《中国农业技术进步贡献率测算及分解：1985 ~ 2005》，《农业经济问题》2009 年第 3 期。

[146] 赵芝俊、张社梅：《近 20 年中国农业技术进步贡献率的变动趋势》，《中国农村经济》2006 年第 3 期。

[147] 赵志耘、吕冰洋、郭庆旺、贾俊雪：《资本积累与技术进步的动态融合：中国经济增长的一个典型事实》，《经济研究》2007 年第 11 期。

[148] 郑玉歆、张晓、张思琦：《技术效率、技术进步及其对生产率的贡献——沿海工业企业调查的初步分析》，《数量经济技术经济研究》1995 年第 12 期。

[149] 周端明：《技术进步、技术效率与中国农业生产率增长——基于 DEA 的实证分析》，《数量经济技术经济研究》2009 年第 12 期。

[150] 周卫民：《非体现型技术进步外生于经济增长吗——管理要素的视角》，《科学学与科学技术管理》2011 年第 9 期。

[151] 周勇、林源源：《技术进步对能源消费回报效应的估算》，《经济学家》2007 年第 2 期。

[152] 朱勇、吴易风：《技术进步与经济的内生增长——新增长理论发展述评》，《中国社会科学》1999 年第 1 期。

［153］ 朱子云、朱士兴：《效率体现式技术进步对经济增长的贡献分析》，《经济理论与经济管理》2013 年第 4 期。

［154］ Acemoglu, D., et al., "The Environment and Directed Technical Change", *The American Economic Review*, 102（1），2012.

［155］ Acemoglu, D., Autor, D., "Skills, Tasks and Technologies: Implications for Employment and Earnings", *Handbook of Labor Economics*, 4（1），2010.

［156］ Acemoglu, D., "Equilibrium Bias of Technology", *Econometrica*, 75（5），2007.

［157］ Acemoglu, D., "Factor Prices and Technical Change: From Induced Innovations to Recent Debates", *SSRN Electronic Journal*, 2001.

［158］ Acemoglu, D., Gancia, G., Zilibotti, F., "Offshoring and Directed Technical Change", *American Economic Journal: Macroeconomics*, 7（3），2015.

［159］ Acemoglu, D., "Labor- And Capital-Augmenting Technical Change", *Journal of the European Economic Association*, 1（1），2003.

［160］ Acemoglu, D., Mostagir, M., Ozdaglar, A., "Managing Innovation in a Crowd", *Economics and Computation*, 2015.

［161］ Acemoglu, D., "Technical Change, Inequality, and the Labor Market", *Journal of Economic Literature*, 40（1），2002.

［162］ Acemoglu, D., Violante, G. L., Aghion, P., "Deunionization, Technical Change and Inequality", *Carnegie-Rochester*

Conference Series on Public Policy, 55（1）, 2001.

［163］ Acemoglu, D. , "Why do New Technologies Complement Skills? Directed Technical Change and Wage Inequality", *Quarterly Journal of Economics*, 113（4）, 1998.

［164］ Acemoglu, D. "Directed Technical Change", *Review of Economic Studies*, 69（4）, 2002.

［165］ Aghion, P. , Dechezleprêtre, A. , Hémous, D. , et al. , "Carbon Taxes, Path Dependency, and Directed Technical Change: Evidence from the Auto Industry", *Social Science Electronic Publishing*, 124（1）, 2012.

［166］ Aghion, P. , Howitt, P. , "A Model of Growth though Creative Destruction", *Economictra*, 60（2）, 1992.

［167］ Alexandra Spitz-Oener, "Technical Change, Job Tasks and Rising Educational Demands: Looking outside the Wage Structure", *Journal of Labor Economics*, 24（2）, 2006.

［168］ Allen, R. C. , "Engels' Pause: Technical Change, Capital Accumulation, and Inequality in the British Industrial Revolution", *Explorations in Economic History*, 46（4）, 2009.

［169］ Altunbas, Y. , et al. , "Technical Change in Banking", *Economics Letters*, 64（2）, 1999.

［170］ Amable, B. , Palombarini, S. , "Technical Change and Incorporated R&D in the Service Sector", *CEPREMAP Working Papers（Couverture Orange）*, 27（7）, 1998.

［171］ Angelopoulou, E. , Kalyvitis, S. , "Estimating the Euler Equation for Aggregate Investment with Endogenous Capital Depreciation", *Southern Economic Journal*, 78 (3), 2012.

[172] Anna, B., Staffan, J., "Are Tradable Green Certificates a Cost-efficient Policy Driving Technical Change or a Rent-generating Machine? Lessons from Sweden 2003 – 2008", *Energy Policy*, 38 (3), 2010.

[173] Antras, P., "Is the US Aggregate Production Function Cobb-Douglas? New Estimates of the ccity of Substitution", *Contributions in Macroeconomics*, 4 (1), 2004.

[174] Bai, C., Hsieh, C., Qian, Y., "The Return to Capital in China", *Bookings Paper on Economic Activity*, 37 (2), 2006.

[175] Baker, E., Clarke, L., Shittu, E., "Technical Change and the Marginal Cost of Abatement", *Energy Economics*, 30 (6), 2008.

[176] Balakrishnan, S., Wernerfelt, B., "Technical Change, Competition and Vertical Integration", *Strategic Management Journal*, 7 (4), 1986.

[177] Baltagi, B. H., Griffin, J. M., "A General Index of Technical Change", *Journal of Political Economy*, 96 (1), 1988.

[178] Barucci, E., Gozzi, F., "Investment in a Vintage Capital Model", *Research in Economics*, 52 (2), 1998.

[179] Benhabib, J., Rustichini, A., "Vintage Capital, Investment and Growth", *Journal of Economic Theory*, 55 (2), 1991.

[180] Binswanger, H. P., "The Measurement of Technical Change Biases with Many Factors of Production", *American Economic Review*, 64 (6), 1974.

[181] Birchenhall, C. , "Modular Technical Change and Genetic Algorithms", *Computational Economics*, 8 (3), 1995.

[182] Boileau, M. , "Trade in Capital Goods and Investment-specific Technical Change", *Journal of Economic Dynamics and Control*, 26 (6), 2002.

[183] Boserup, E. , "Population and Technological Change: A Study of Long-Term Trends", *Contemporary Sociology*, 13 (2), 1982.

[184] Bosetti, V. , Carraro, C. , Galeotti, M. , "The Dynamics of Carbon and Energy Intensity in a Model of Endogenous Technical Change ", *Social Science Electronic Publishing*, 27 (4), 2006.

[185] Bottasso, A. , Conti, M. , "Scale Economies, Technology and Technical Change in the Water Industry: Evidence from the English Water Only Sector", *Regional Science and Urban Economics*, 39 (2), 2009.

[186] Boucekkine, R. , Fabbri, G. , Gozzi, F. , "Capital Maintenance and Investment: Complements or Substitutes? A reappraisal", *Journal of Economic Dynamics and Control*, 34 (12), 2010.

[187] Boucekkine, R. , Fernando, D. R. , Licandro, O. , "Obsolescence and Modernization in the Growth Process", *Journal of Development Economics*, 77 (1), 2005.

[188] Boucekkine, R. , Germain, M. , Licandro, O. , "Replacement Echos in the Vintage Capital Growth Model", *Journal of Economic theory*, 74 (2), 1997.

[189] Boucekkine, R., Rio, F. D., Licandro, O., "Embodied Technological Change, Learning-by-Doing and the Productivity Slowdown", *Scandinavian Journal of Economics* 105 (1), 2010.

[190] Buonanno, P., Carraro, C., Galeotti, M., "Endogenous Induced Technical Change and the Costs of Kyoto", *Resource & Energy Economics*, 25 (1), 2003.

[191] Calem, P. S., Carlino, G. A., "Urban Agglomeration Economies in the Presence of Technical Change", *Journal of Urban Economics*, 29 (1), 1991.

[192] Cantos, P., José, M., Pastor, Serrano, L., "Productivity, Efficiency and Technical Change in the European Railways: A Non-parametric Approach", *Transportation*, 26 (4), 1999.

[193] Carmichael, H. L., "Macleod W B. Multiskilling, Technical Change and the Japanese Firm", *Economic Journal*, 103 (416), 1993.

[194] Carraro, C., Gerlagh, R., Zwaan, B. V. D., "Endogenous Technical Change in Environmental Macroeconomics", *Resource & Energy Economics*, 25 (1), 2003.

[195] Cesaratto, S., Serrano, F., Stirati, A., "Technical Change, Effective Demand and Employment", *Review of Political Economy*, 15 (1), 2003.

[196] Chavas, J. P., Aliber, M., Cox, T. L., "An Analysis of the Source and Nature of Technical Change: The Case of U. S. Agriculture", *Review of Economics and Statistics*, 79 (3), 1997.

[197] Chennells, L., Reenan, J. V., "Technical Change and Earnings in British Establishments", *Economica*, 64 (256), 1997.

[198] Chennells, L., Reenen, J. V., "Technical Change and the Structure of Employment and Wages: A Survey of the Microeconometric Evidence", *Productivity, Inequality and the Digital Economy*, 2002.

[199] Clark, G., "Productivity Growth without Technical Change in European Agriculture before 1850", *The Journal of Economic History*, 47 (02), 1987.

[200] Clark, J. S., Youngblood, C. E., "Estimating Duality Models with Biased Technical Change: A Time Series Approach", *American Journal of Agricultural Economics*, 74 (2), 1992.

[201] Comanor, W. S., "Research and Technical Change in the Pharmaceutical Industry", *The Review of Economics and Statistics*, 47 (2), 1965.

[202] Conlisk, J., "An Aggregate Model of Technical Change", *The Quarterly Journal of Economics*, 104 (4), 1989.

[203] Cooley, T., Greenwood J., Yorukoglu M., "The Replacement Problem", *Journal of Mone-tary Economics*, 40 (3), 1997.

[204] Cummins, J. G., Violante, G. L., "Investment-Specific Technical Change in the United States (1947 – 2000): Measurement and Macroeconomic Consequences", *Review of Economic Dynamics*, 5 (2), 2002.

[205] Delong, B., Summers, L., "Equipment Investment and Economic Growth", *Quarterly Journal of Economics*, 106 (2), 1991.

［206］ Denison, F., "The Unimportance of the Embodied Question", *American Economic Review*, 54 (2), 1964.

［207］ Di Maria, Valente, S., "The Direction of Technical Change in Capital-Resource Economies", *MPRA Paper*, 13 (6), 2006.

［208］ Di Maria C., Smulders S. A., "Trade Pessimists vs Technology Optimists: Induced Technical Change and Pollution Havens", *Advances in Economic Analysis & Policy*, 3 (2), 2005.

［209］ Diprete, T. A., Mcmanus, P. A., "Institutions, Technical Change, and Diverging Life Chances: Earnings Mobility in the United States and Germany", *American Journal of Sociology*, 102 (1), 1996.

［210］ Doherty, N. F., King, M., "From Technical to Socio-technical Change: Tackling the Human and Organizational Aspects of Systems Development Projects", *European Journal of Information Systems*, 14 (1), 2005.

［211］ Doolittle, W. E., "Population and Technical Change: A Study of Long-Term Trends", *Economic Geography*, 59 (1), 1981.

［212］ Dosi, G., *Technical Change and Industrial Transformation* (Palgrave, Macmillan, UK: 1984).

［213］ Eggers, J. P., Kaplan, S., "Cognition and Renewal: Comparing CEO and Organizational Effects on Incumbent Adaptation to Technical Change", *Organization Science*, 20 (2), 2009.

［214］ Fan, S., "Technological Change, Technical and Allocative Efficiency in Chinese Agriculture: The Case of Rice Production in Jiangsu", *EPTD Discussion Papers*, 12 (1), 1999.

［215］ Fare, R., et al., "Biased Technical Change and the Malmquist Productivity Index", *Microeconomics*, 99 (1), 2010.

［216］ Fare, R., Kokkelenberg, E., Grosskopf, S., "Measuring Plant Capacity, Utilization and Technical Change: A Nonparametric Approach", *International Economic Review*, 30 (3), 1989.

［217］ Feldstein, M., Rothschild, M., "Towards an Economic Theory of Replacement Investment", *Econometrica*, 42 (3), 1974.

［218］ Feng, G., Serletis, A., "Efficiency, Technical Change and Returns to Scale in Large US Banks: Panel Data Evidence from an Output Distance Function Satisfying Theoretical Regularity", *Journal of Banking & Finance*, 34 (1), 2010.

［219］ Foster, A. D., Rosenzweig, M. R., "Learning by Doing and Learning from Others: Human Capital and Technical Change in Agriculture", *Journal of Political Economy*, 103 (6), 1995.

［220］ Foster, A. D., Rosenzweig, M. R., "Technical Change and Human-capital Returns and Investments: Evidence from the Green Revolution", *American Economic Review*, 86 (4), 1996.

［221］ Fransman, M., "International Competitiveness, Technical Change and the State: The Machine Tool Industry in Taiwan and Japan", *World Development*, 14 (12), 1986.

［222］ Freeman, C., "The Economics of Technical Change", *Cambridge Journal of Economics*, 18 (5), 1994.

［223］ Friedman, B. M., "Work and Consumption in an Era of Unbalanced Technological Advance", *Journal of Evolutionary Economics*, 27 (2), 2017.

[224] Fisher, M., "Embodied Technical Change and the Existence of an Aggregate Capital Stock", *The Review of Economic Studies*, 32 (4), 1965.

[225] Giannakas, K., Schoney, R., Tzouvelekas, V., "Technical Efficiency, Technological Change and Output Growth of Wheat Farms in Saskatchewan", *Canadian Journal of Agricultural Economics*, 49 (2), 2005.

[226] Gittler, J. B., "Cultural Patterns and Technical Change: A Manual Prepared by the World Federation for Mental Health. By Margaret Mead", *American Journal of Sociology*, 60 (2), 1955.

[227] Gordon, R. H., Schankerman, M., Spady, R. H., "Estimating the Effects of R&D on Bell System Productivity: A Model of Embodied Technical Change," *NBER Working Paper Series*, 24 (5), 1985.

[228] Gordon, R. J., *The Measurement of Durable Goods Prices* (Chicago: The University of Chicago Press, 1990).

[229] Grant M., "The Impact of Technical Change on Income Distribution: The Case of Rice in Colombia", *American Journal of Agricultural Economics*, 60 (1), 1978.

[230] Greenwood, J., Hercowitz, Z., Krusell, P., "Long-run Implications of Investment-Specific Technological Change", *American Economic Review*, 87 (3), 1997.

[231] Greiner, A, Rubart, J., Semmler, W., "Economic Growth, Skill-biased Technical Change and Wage Inequality: A Model and Estimations for the US and Europe", *Journal of Macroeco-*

nomics, 26 （4）, 2004.

［232］ Hadley, D. , "Patterns in Technical Efficiency and Technical Change at the Farm-level in England and Wales, 1982 – 2002", *Journal of Agricultural Economics*, 57 （1）, 2006.

［233］ Hall, R. E. , "Technical Change and Capital from the Point of View of the Dual", *Review of Economic Studies*, 35 （1）, 1968.

［234］ Hamilton, J. D. , "A New Approach to the Economic Analysis of Nonstationary Time Series and the Business Cycle", *Econometrica*, 57 （2）, 1989.

［235］ Hansen, B. E. , "Threshold Effects in Non-Dynamic Panels: Estimation, Testing and Inference", *Journal of Econometrics*, 93 （2）, 1999.

［236］ Hellwig, M. , Irmen, A. , "Endogenous Technical Change in a Competitive Economy", *Journal of Economic Theory*, 101 （1）, 2001.

［237］ Hercowitz, Z. , "The Embodiment Controversy: a Review Essay", *Journal of Monetary Economics*, 41 （1）, 1998.

［238］ Hsieh, C. , "Endogenous Growth and Obsolescence", *Journal of Development Economics*, 66 （1）, 2001.

［239］ Hult, K. J. , Sonia, J. , Philipson, T. J. , "How Does Technological Change Affect Quality-Adjusted Prices in Health Care? Systematic Evidence from Thousands of Innovations", *American Journal of Health Economics*, 2017.

［240］ Hulten, C. R. , Wykoff, F. , "The Estimation of Economic Depreciation Using Vintage Asset Prices", *Journal of Econometrics, 1981.

[241] Hulten, C. R. , "Growth Accounting When Technical Change is Embodied in Capital", *American Economic Review*, 82 (4), 1992.

[242] Hunter, W. C. , Timme, S. G. , "Technical Change, Organizational Form, and the Structure of Bank Production", *Journal of Money*, *Credit & Banking*, 18 (2), 1986.

[243] Jacoby, H. D. , Reilly, J. M. , Mcfarland, J. R. , et al. , "Technology and Technical Change in the MIT EPPA model", *Energy Economics*, 28 (5 – 6), 2006.

[244] Jamasb, T. , "Technical Change Theory and Learning Curves: Patterns of Progress in Electricity Generation Technologies", *Energy Journal*, 28 (3), 2007.

[245] Johnson, P. , "Capital Utilization and Investment When Capital Depreciates in Use: Some Implica-tions and Tests", *Journal of Macromarketing*, 16 (2), 1994.

[246] Jones, C. I. , "The Shape of Production Functions and the Direction of Technical Change", *The Quarterly Journal of Economics*, 120 (2), 2005.

[247] Jorgenson, D. , "Empirical Studies of Depreciation", *Economic Inquiry*, 34 (1), 1996.

[248] Jorgenson, D. W. , "The Embodiment Hypothesis", *Journal of Political Economy*, 74 (1), 1966.

[249] Jovanovic, B. , Yatsenko Y. , "Investment in Vintage Capital", *Journal of Economic Theory*, 147 (2), 2012.

[250] Kamps, C. , "New Estimates of Government Net Capital Stocks for 22 OECD Countries1960 – 2001", *IMF Working Paper*, 53 (1), 2004.

[251] Kaplan, S. , Tripsas, M. , "Thinking about Technology: Applying a Cognitive Lens to Technical Change", *Research Policy*, 37 (5), 2008.

[252] Khor, N. , Pencavel, J. H, "Evolution of Income Mobility in the People's Republic of China: 1991 – 2002", *Adb Economics Working Paper*, 204 (4), 2010.

[253] Kirkley, J. , et al. , "Embodied and Disembodied Technical Change in Fisheries: An Analysis of the Sète Trawl Fishery, 1985 – 1999", *Environmental and Resource Economics*, 29 (2), 2004.

[254] Klump, R. , McAdam, P. , Willman, A. , "Factor Substitution and Factor-augmenting Technical Progress in the United States: a Normalized Supply-side System Approach", *The Review of Economics and Statistics*, 89 (1), 2007.

[255] Klump, R. , McAdam, P. , Willman, A. , "Unwrapping Some Euro Area Growth Puzzles: Factor Substitution, Productivity and Unemployment", *Journal of Macroeconomics*, 30 (2), 2008.

[256] Krolzig, H. M. , *The Markov-Switching Vector Autoregressive Model* (Berlin Heidelberg: Springer, 1997).

[257] Krusell, P. , Ohanian, L. E. , Jose-Victor, R. , Violante, G. L. , "Capital-Skill Complementarity and Inequality: A Macroeconomic Analysis", *Econometrica*, 68 (5), 2000.

[258] Laitner, J., Stolyarov, D., "Aggregate Returns to scale and Embodied Technical Change: Theory and Measurement Using Stock Market data", *Journal of Monetary Economics*, 51 (1), 2004.

[259] Lazonick, W., "Industrial Relations and Technical Change: The Case of the Self-Acting Mule", *Cambridge Journal of Economics*, 3 (3), 1979.

[260] Ledesma, A., Mcdam, P., Willman, A., "In dubio pro CES Supply Estimation with Mis-Specified Technical Change", *ECB working paper*, 2010.

[261] León-Ledesma, Miguel, A., Mcadam, P., "Willman A. Identifying the Elasticity of Substitution with Biased Technical Change", *American Economic Review*, 100 (4), 2010.

[262] Licandro, O., Javier Ruiz-Castillo, Jorge, D., "The Measurement of Growth under Embodied Technical Change", *Recherches Économiques De Louvain*, 68 (1), 2002.

[263] Lippi, M., Reichlin, L., "Diffusion of Technical Change and the Decomposition of Output into Trend and Cycle", *Review of Economic Studies*, 61 (1), 1994.

[264] Lozano-Vivas, A., "Efficiency and Technical Change for Spanish Banks", *Applied Financial Economics*, 8 (3), 1998.

[265] Löschel, Andreas, Otto, V. M., Dellink, R. B., "Energy Biased Technical Change: A CGE Analysis", *ZEW Discussion Papers*, 29 (2), 2005.

[266] Luna-Reyes, L. F., et al., "Information Systems Development

as Emergent Socio-technical Change: a Practice Approach", *European Journal of Information Systems*, 14 (1), 2005.

[267] Lyytinen, K., Newman, M., "Explaining Information Systems Change: a Punctuated Socio-technical Change Model", *European Journal of Information Systems*, 17 (6), 2008.

[268] Mackenzie, D. A., Booksx I., "Knowing Machines: Essays on Technical Change", *Foreign Affairs*, 78 (2), 1997.

[269] Mcgrath, A. K., "Power, Rationality and the Art of Living through Socio-Technical Change", *MIS Quarterly*, 31 (2), 2007.

[270] Mcloughlin, I., Badham, R., Couchman, P., "Rethinking Political Process in Technological Change: Socio-technical Configurations and Frames", *Technology Analysis & Strategic Management*, 12 (1), 2000.

[271] Metcalfe J. S., "Impulse and Diffusion in the Study of Technical Change", *Futures*, 13 (5), 1981.

[272] Mohr, R. D., "Technical Change, External Economies, and the Porter Hypothesis", *Journal of Environmental Economics & Management*, 43 (1), 2002.

[273] Mukoyama, T., "Endogenous Depreciation, Mismeasurement of Aggregate Capital and the Pro-ductivity Slowdown", *Journal of Micromarketing*, 30 (1), 2008.

[274] Murphy, K. M., Welch, F., "Occupational Change and the Demand for Skill, 1940 – 1990", *Expert Review of Molecular Diagnostics*, 15 (6), 2015.

[275] Nelson, R. R., "Aggregate Production Functions and Medium-

Range Growth Projections", *American Economic Review*, 54
(5), 1964.

[276] Nelson, R. R., Winter S. G., Schuette H. L., "Technical
Change in an Evolutionary Model", *The Quarterly Journal of E-
conomics*, 90 (1), 1976.

[277] Nemet, G. F., "Demand-pull, Technology-push, and Govern-
ment-led Incentives for Non-incremental Technical Change",
Research Policy, 38 (5), 2009.

[278] Oded, G., "Inequality, Human Capital Formation and the
Process of Development", *Review of Economic Studies*, 71
(4), 2004.

[279] OECD, "Economic Survey of China", *OECD Working
Paper*, 2005.

[280] Otsuka, K., Kawagoe, T., Hayami, Y., "Induced Bias of
Technical Change in Agriculture: The United States and Japan,
1880 – 1980", *Journal of Political Economy*, 94 (3), 1986.

[281] Oulton, N., Srinivasan, S., "Capital Stocks, Capital Serv-
ices, and Depreciation: An Integrated Framework", Bank of
England, *Working Paper*, No. 192, 2003.

[282] Ozcan, Y., Greenstein, S., "Technological Leadership (de)
Concentration: Causes in ICTE", *Nber Working Papers*, 2016.

[283] Peters, M., et al., "The Impact of Technology-push and De-
mand-pull Policies on Technical Change-Does the Locus of Poli-
cies Matter?", *Research Policy*, 41 (8), 2012.

[284] Posner M. V., "International Trade and Technical Change",

Oxford Economic Papers, 13 (3), 1961.

[285] Princeton, N., Slaughter, M. J., "Does the Sector Bias of Skill-Biased Technical Change Explain Changing Skill Premia?", *European Economic Review*, 46 (10), 2000.

[286] Ripatti, A., Vilmunen, J., "Declining Labour Share-Evidence of a Change in Underlying Production Technology?", *Ssrn Electronic Journal*, 22 (5 – 6), 2001.

[287] Rumbos, B., Auernheimer, L., "Endogenous Capital Utilization in a Neoclassical Growth Model", *Atlantic Economic Journal*, 29 (2), 2001.

[288] Ruttan, V. W., "Induced Innovation, Evolutionary Theory and Path Dependence: Sources of Technical Change", *Economic Journal*, 107 (444), 1997.

[289] Ruttan, Y. H. W., "Factor Prices and Technical Change in Agricultural Development: The United States and Japan, 1880 – 1960", *Journal of Political Economy*, 78 (5), 1970.

[290] Saal, D. S., Parker, D., Weyman-Jones, T., "Determining the Contribution of Technical Change, Efficiency Change and Scale Change to Productivity Growth in the Privatized English and Welsh Water and Sewerage Industry: 1985 – 2000", *Journal of Productivity Analysis*, 28 (1 – 2), 2007.

[291] Sakellaris, P., Vijselaar, F. W., "Capital Quality Improvement and the Sources of Economic Growth in the Euro Area", *Economic Policy*, 42, 2005.

[292] Samuelson, P. A., "Proof that Properly Anticipated Prices

Fluctuate Randomly", *Industrial Management Review*, 6 (2), 1965.

[293] Sato, K., "On the Adjustment Time in Neo-classical Growth Models", *Journal of Economic Study*, 3 (3), 1966.

[294] Sato, P., "The Estimation of Biased Technical Progress and the Production Function", *International Economic Review*, (11), 1970.

[295] Sato, R., Hoffman, F., "Production Functions with Variable Elasticity of Substitution: Some Analysis and Testing", *Rev Econ Stat*, (50), 1968.

[296] Scherer, W., "Patent Statistics as a Measure of Technical Change", *Journal of Political Economy*, 77 (3), 1969.

[297] Schneider, U. A., et al.," Impacts of Population Growth, Economic Development and Technical Change on Global Food Production and Consumption", *Agricultural Systems*, 104 (2), 2011.

[298] Schot, J., Geels, F. W., "Niches in Evolutionary Theories of Technical Change", *Journal of Evolutionary Economic*, 17 (5) *s*, 2007.

[299] Seidel, R. W., "Knowing Machines: Essays on Technical Change", *Annals of the History of Computing IEEE*, 19 (1), 1997.

[300] Serrano, L., Timmer, M. P., "Is Technical Change Directed by the Supply of Skills? The Case of South Korea", *Economics Letters*, 76 (2), 2002.

[301] Shapiro, M., "Capital Utilization and Capital Accumulation:

Theory and Evidence", *Journal of Applied Econometrics*, 1 (3), 1986.

[302] Silverberg, G., Lehnert, D., "Long Waves and 'Evolutionary Chaos' in a Simple Schumpeterian Model of Embodied Technical Change", *Structural Change and Economic Dynamics*, 4 (1), 1993.

[303] Solow, R., "A Contribution to the Theory of Economic Growth", *Quarterly Journal of Economics*, 70 (1), 1956.

[304] Solow, R., *Investment and Technical Progress* (Stanford, CA: Stanford University Press, 1960).

[305] Solow, R., "Technical Change and the Aggregate Production Function", *Review of Economics and Statistics*, 39 (3), 1957.

[306] Sommers, P. M., Conlisk, J., "Eigenvalue Immobility Measures for Markov chains", *Journal of Mathematical Sociology*, 6 (2), 1979.

[307] Subramanian, S., Sadoulet, E., "The Transmission of Production Fluctuations and Technical Change in a Village Economy: A Social Accounting Matrix Approach", *Economic Development and Cultural Change*, 39 (1), 1990.

[308] Swan, T., "Economic Growth and Capital Accumulation", *The Economic Record*, 32 (2), 1956.

[309] Taymaz, E., Gülin Saatci, "Technical Change and Efficiency in Turkish Manufacturing Industries", *Journal of Productivity Analysis*, 8 (4), 1997.

[310] Turner, S. R., "Technology Diffusion and the Rate of Techni-

cal Change", *The Economic Journal*, 94 (375), 1984.

[311] Tyers, R., "Capital-skill Complementarity and Wage Outcomes Following Technical Change in a Global Model", *Oxford Review of Economic Policy*, 16 (3), 2000.

[312] Ulmanen, J. H., Verbong, G. P. J., Raven R. P. J. M., "Biofuel Developments in Sweden and the Netherlands: Protection and Socio-technical Change in a Long-term Perspective", *Renewable and Sustainable Energy Reviews*, 13 (6 – 7), 2009.

[313] Uzawa, H., "Optimum Technical Change in an Aggregative Model of Economic Growth", *International Economic Review*, 6 (1), 1965.

[314] Vosti, S. A., Witcover, J., Lipton, M., "The Impact of Technical Change in Agriculture on Human Fertility: District-level Evidence from India", *Eptd Discussion Papers*, 1994.

[315] Welch, F., "The Structure of Wages", *Quarterly Journal of Economics*, 107 (107), 1992.

[316] Wolff, E. N., "Spillovers, Linkages and Technical Change", *Economic Systems Research*, 9 (1), 1997.

[317] Young, Alwyn, "A Tale of Two Cities: Factor Accumulation and Technical Change in Hong Kong and Singapore", *NBER Macroeconomics Annual*, 7 (1), 1992.

[318] Young, A. T., "Labor's Share Fluctuations, Biased Technical Change, and the Business Cycle", *Review of Economic Dynamic*, 7 (4) *s*, 2004.

[319] Yuhn, K. H., "Economic Growth, Technical Change Biases,

and the Elasticity of Substitution: a Test of the De La Grand-ville Hypothesis", *The Review of Economics and Statistics*, 73 (2), 1991.

[320] Zhao X. , et al. , "Probability Distributions for Economic Surplus Changes: the Case of Technical Change in the Australian Wool Industry", *Australian Journal of Agricultural & Resource Economics*, 44 (1), 2000.

图书在版编目（CIP）数据

中国物化型技术进步与经济增长／王士香著． —— 北
京：社会科学文献出版社，2022.1
ISBN 978 - 7 - 5201 - 9577 - 5

Ⅰ．①中… Ⅱ．①王… Ⅲ．①技术进步 - 影响 - 中国
经济 - 经济增长 - 研究 Ⅳ．①F124

中国版本图书馆 CIP 数据核字（2021）第 270815 号

中国物化型技术进步与经济增长

著　　者／王士香

出 版 人／王利民
责任编辑／高　雁　贾立平
责任印制／王京美

出　　版／社会科学文献出版社·经济与管理分社（010）59367226
　　　　　地址：北京市北三环中路甲29号院华龙大厦　邮编：100029
　　　　　网址：www.ssap.com.cn
发　　行／市场营销中心（010）59367081　59367083
印　　装／三河市尚艺印装有限公司

规　　格／开　本：787mm × 1092mm　1/16
　　　　　印　张：12.75　字　数：151 千字
版　　次／2022 年 1 月第 1 版　2022 年 1 月第 1 次印刷
书　　号／ISBN 978 - 7 - 5201 - 9577 - 5
定　　价／138.00 元